Alois Berla

## Kein Schuldenarrest mehr - aber Schulden

Volksposse mit Gesang und Tanz in drei Akten und sechs Bildern

Alois Berla

**Kein Schuldenarrest mehr - aber Schulden**
*Volksposse mit Gesang und Tanz in drei Akten und sechs Bildern*

ISBN/EAN: 9783744631341

Hergestellt in Europa, USA, Kanada, Australien, Japan

Cover: Foto ©Thomas Meinert / pixelio.de

Weitere Bücher finden Sie auf **www.hansebooks.com**

Als Manuscript gedruckt.
Ausschließlich durch das internationale Theatergeschäfts-Bureau, Administration A. Landvogt, Wien, Maximilianstraße Nr. 4, auf rechtmäßige Weise zu beziehen.

Alois Berla.

# Kein Schuldenarrest mehr — aber Schulden.

Volksposse mit Gesang und Tanz in drei Akten und sechs Bildern

von

Alois Berla.

Musik von Lechner.

Wien, 1868.

Im Verlage von A. Landvogt.

Druck von E. Jasper.

# Personen.

Krempelmaier, Garten-Restaurateur.
Heinrich, sein Sohn.
Emma Blum, seine Mündel.
Tippel, Weinbergbesitzer und Weinhändler.
Anastasia ⎫ seine Töchter.
Regina ⎭
Lüftel, Weinreisender.
Eduard Hahn, Leinwäschhändler.
Melusine Hartl, Blumenfabrikantin.
Schwefelkopf, Pyrotechniker und Tanzmeister. ⎫
Knöpfl, Schneidermeister. ⎪
Baron Maxeupfutsch. ⎬ Schuldgefangene.
Pfundmann, Fabrikant. ⎪
Stich, Schuster. ⎪
Frau Pfundmann. ⎪
Frau Stich. ⎭
Maxl ⎫ Lehrbuben.
Seppel ⎭
Jean, Reitknecht.
Poldl, Kellnerjunge.
Ein Kellner.
Hochzeitsgäste. Schuldgefangene und deren Angehörige.
Polizeisoldaten. Kellner.

# Erster Akt.

## Erstes Bild:
### Der letzte Tag im Schuldenarrest.

(Hof im Schuldengefängnisse. Den Hintergrund nimmt eine hohe Mauer ein, an welcher ein Militärposten mit aufgepflanztem Bajonnete auf- und abschreitet. Links vom Darsteller ein altes unansehnliches Gebäude mit einem Glasvorbau als Eingang. Rechts ein Trakt mit einer Thür, über welcher „Kanzlei" zu lesen. Zwischen dem Trakt und der Rückmauer ein durch ein Thor verschlossener schmaler Gang, der nach der Straße führt.)

### 1. Scene.

Frau von Pfundmann. Jean, Resi, nebst Seppel, Maxl. Sonstige Angehörige der Schuldgefangenen.

#### Chor.

Endlich schlägt die frohe Stunde,
Und bald wieder sind zum Bunde
Wir vereinigt mit den Lieben;
Fröhlich schlagen uns're Herzen,
Und verbannt sind die Schmerzen,
Aller Kummer ist vorbei
:/: Denn die Unsern werden frei! :/:

#### Maxl.

Juhe! I g'freu' mi schon am Master, wann er aus'n Schuldenarrest kummt!

#### Seppel.

Aha! kannst es schon net mehr erwarten, daß er Dir den Schopf beutelt!

#### Maxl.

No ja; die Mastrin hat zwar bei so was recht viel guten Willen, aber man waß niemals, wann's ihr g'rad'

1*

g'fällig is; in solchen Angelegenheiten sein Weiber selten verläßlich.

### Seppel.

Ja, das müssen Männer unter sich austragen!

**Frau von Pfundmann** (eine stattliche, geputzte und mit Schmuck behängte Person, im Gespräch zu Fr. Stich).

Wie ich Ihnen sag', Madam' Stich, mein Alter, der Fabrikant Pfundmann, sitzt jetzt schon über a halb's Jahr im Schuldenarrest, und er hätt' a die Zeit ganz ordentlich abg'sessen, denn wissen's, zahl'n, das gibt's net!

**Fr. Stich** (junge, fast ärmlich aber nett gekleidete Person).

Aber er ist doch reich, der Herr von Pfundmann!

### Fr. v. Pfundmann.

Mein Mann? Ah, gar ka Red', der hat gar nix. Alles is auf mich g'schrieb'n, und ich, ich laß' kan Kreuzer aus! Bitt' Ihnen, man muß ja für die Kinder bedacht sein! — Ich hab' ihm nix abgeh'n lassen — er war kreuzfidel im Arrest — aber zahl'n, das gibt's net!

### Fr. Stich.

O, meinen Mann, den der Lederer wegen 170 Gulden hat setzen lassen, hätt' i augenblicklich ausg'löst, wann i die 170 Gulden nur z'sammbracht hätt', aber seit er einkastelt war, is 's ganze G'schäft z'rückgangen, ich und meine Kinder sein halb verhungert —

### Maxl.

Frau Mastrin, wir Lehrbuam a!

### Fr. Stich.

Aber heut' wird er frei! Jetzt wird er Tag und Nacht fleißig beim Zeug sein, und der Lederer wird sich wundern, wie bald er zu sein Geld kommt!

### Fr. v. Pfundmann.

Unsre Gläubiger krieg'n jetzt a no nix — no ja; wer wird denn zahl'n in einer Zeit, wo alle Welt Schulden hat! Hat etwan der Staat net a Schulden? Aber zahl'n — das gibt's net! —

**Fr. Stich** (nach der Seite blickend).

Aber lang dauert's bis herauskommen, auf d' letzt wird aus der ganzen G'schicht' nix —

**Fr. v. Pfundmann.**

Kann schon sein — heut zu Tag kann man auf nix mehr sicher rechnen — thun wir uns a bissel erkundigen! (Sie ziehen sich mit den Anderen nach dem Hintergrunde.)

## 2. Scene.

**Vorigen. Hahn, Melusine** (von entgegengesetzten Seiten auftretend).

**Hahn** (jung, nett gekleidet, mit einem Ledertäschchen an der Seite, ein leichtes Röckchen in der Hand.)

**Melusine** (hübsch, elegante Erscheinung, derartiges Wesen, eine gestickte Handtasche tragend).

**Musik. Entréeduett.**

### 1.

| | |
|---|---|
| Er. | Ich bin frei — endlich frei |
| Sie. | Ich bin frei — endlich frei |
| Beide. | Welche Wonne — welche Wonne, |
| Er. | Darf hinaus — aus dem Haus, |
| Sie. | (Wiederholt.) |
| Beide. | Unter Gottes freier Sonne. |
| Er. | Niemand glaubt, wie verstaubt, |
| Sie. | (Wiederholt.) |
| Beide. | Man da wird von Schmerz zerrissen, |
| Er. | 'S stockt ein'm 's Blut und der Muth, |
| Sie. | (Wiederholt.) |
| Beide. | Schmeckt ein'm endlich gar ka Bissen! Doch jetzt ist's vorüber mit der Barbarei, Die Schuldhaft is aufg'hob'n juhe! ich bin frei. Juhe — tralala — juhe! — |

### 2.

| | |
|---|---|
| Sie. | Wann man dumm in dem Wien, |
| Er. | (Wiederholt.) |
| Beide. | Wo die Leut' so lustig lachen, |
| Sie. | Knotzt und brummt, muß verdummt |
| Er. | (Wiederholt.) |
| Beide. | Einen so ein Leben machen. |
| Sie. | Nix als Klag', alle Tag, |
| Er. | (Wiederholt.) |
| Beide. | Noth und Jammer zum verzweifeln, |

Sie. Hört man zua, kriegt man's gnua,
Er. (Wiederholt.)
Beide. Möcht' man raufen mit all'n Teufeln!
Doch jetzt is 's vorüber mit der Marterei,
Die Schuldhaft is aufg'hob'n — juhe! ich bin frei.
Juhe! tralala — juhe! —

### Hahn.

Nehmt meinen Dank, erleuchtete Räthe des Reiches für die Humanität Eurer Beschlußfassung, kraft deren ich ein freier Mann geworden.

### Melusine.

Exzellenz, Herr Justizminister, wenn's Exzellenz nicht z'wider wär', möcht' ich Ihnen ein Dankesbussel votiren und sogleich eigenmündig überreichen.

### Hahn (aufmerksam Melusine betrachtend).

Eine junge Dame! Sollte diese eine Ausgelassene sein?

### Melusine (eben so).

Ein junger Mann, wahrscheinlich auch ein bisheriger Brummer.

### Hahn (den Hut ziehend).

Mein Fräulein — hab' die Ehre! —

### Melusine (graziös verneigend).

Ihre Dienerin, mein Herr! —

### Hahn.

Eh — was ich sagen wollte — wohnen Fräulein weit von hier?

### Melusine (lächelnd).

In Zukunft ja! Die rauhen Wintermonate jedoch hatte mich der Doktor in dieser Heilanstalt für Patienten, welche am Wechselfieber laboriren, untergebracht!

### Hahn.

Das ist ja ganz mein Fall!

### Melusine.

Haben Sie auch 's Wechselfieber g'habt?

### Hahn.

Ja, über neun Monate war ich leidend, aber heut' darf ich schon wieder an die Luft gehen.

**Melusine** (lachend).

No, so grüß' Ihnen Gott, Leidensgefährte! (Reicht ihm die Hand.)

**Hahn.**

Auch so viel, schöne Nachbarin. (Schaukeln sich die Hände.)

**Melusine.**

No, und mit was haben Sie sich denn ruinirt?

**Hahn.**

Darüber ist net viel zu sagen. Mein Onkel, der Leinwäschhändler Hahn, ist so plötzlich mit Tod abgegangen, daß ihm keine Zeit blieb, mehrere auf hiesigem Platz befindliche Accepte einzulösen. Ich, sein Neffe und ebenfalls Leinwäschhändler, hab' daher die Wechsel des alten Herrn durch Begebung von Accepten meiner Hand eingelöst, weil aber die Konkurrenz der plötzlich in Flor gekommenen Wäsche aus Papier meinen Wäschhandel so bedeutend alterirte, daß ich einige dieser Accepte nicht einlösen konnte, wurde ich nach erfolgten Zahlungsaufträgen meiner persönlichen Freiheit beraubt, mein G'schäft wurde zug'sperrt, ich eing'sperrt und heute erst komm' ich ganz ausg'sperrt wieder auf den Schauplatz des öffentlichen Lebens!

**Melusine.**

Also hat Sie die papierene Wäsch' ruinirt?

**Hahn.**

O, nicht nur mich! Eine Unmasse Handelsleute geh'n alle Jahr in Oesterreich an der papierenen Wäsch' z'Grund. Uebrigens hätt' ich mich doch noch retten können, war sogar schon nah' daran — aber es waltete da ein furchtbares Geheimniß ob — eine grauenvolle, düstere Intrigue.

**Melusine** (neugierig).

Geheimniß — Intrigue? O, ich bitt', erzählen's doch!

**Hahn.**

So hören Sie! Vor dreiviertel Jahren kam eine junge Dame in meinen Laden, welche sich drei Dutzend Battisthemden, vier Dutzend Nachtkorsetten und fünf Dutzend Morgenhäubchen feinster Qualität auswählte und mich ersuchte, die Waare an die Adresse: Fräulein Emma Blum, Private, dort und dort wohnhaft, zu befördern. Diese Dame hat mir zwar die Waare prompt bezahlt, aber heimlich was — mitgehen lassen.

### Melusine.

Sie hat was g'stohl'n?

### Hahn.

Ja, etwas höchst Werthvolles — mein Herz nämlich!

### Melusine (ironisch).

Ai! Weg'n dem Werthgegenstand hab'n Sie doch hoffentlich die Polizei nicht strapezirt?

### Hahn.

Das nicht, ich zog es vor, die Sach' auf gütlichem Wege in's Reine zu bringen, verfügte mich selber mit der Waare zur Dame und wurde zu meiner Freude sehr wohlwollend aufgenommen.

### Melusine.

O, Sie Tausendsassa!

### Hahn.

Die Dame machte auch gleich wieder neue Bestellungen, und so hatte ich Gelegenheit, mich öfter einzufinden.

### Melusine.

No, und is von dem Diebstahl nie die Rede gewesen?

### Hahn.

Anfangs nicht, eines Tages aber war ich fest entschlossen, die Sache auf's Tapet zu bringen, da werde ich plötzlich mit Zahlungsauflagen überrascht, und zwar im Namen eines Gläubigers, der meine fälligen Accepte sämmtlich aufgekauft hatte, und welcher Gläubiger — stellen Sie sich vor: Emma Blum hieß.

### Melusine.

Was? Ihre Angebetete?

### Hahn.

Ja! Im ersten Augenblick war ich starr vor Schreck, im zweiten eilte ich zu meiner neuen Gläubigerin. Dort heißt es: das Fräulein ist nicht zu Hause. Durch drei Tage war sie immer nicht zu Hause, bis ich endlich am vierten Tage auch nicht mehr zu Hause, sondern hier im Schuldenarrest war!

#### Melusine.

Ah, also sie — die Herzensdiebin — hat Ihnen einsperren lassen? Und haben Sie gar keine Schritte gemacht, um über die Ursachen Ihrer Festsetzung-Aufklärung zu erhalten?

#### Hahn.

Bitt' Sie, wer kann denn, wann er eing'sperrt is, viel Schritte machen? Ich hab' mich freilich mit dem Anwalt meiner Gläubigerin in Verbindung g'setzt, aber er hat mir kein Gehör gegeben, daher blieb mir auch nix übrig, als in ohnmächtiger Wuth die Faust zu ballen, mit den Zähnen zu knirschen und mit den Füßen den Boden zu stampfen! —

#### Melusine.

Das ist freilich eine schreckliche Geschichte, aber die meinige ist auch nicht von Stroh! Rasten Sie sich aus und hörn's mir zu! Ich, Jungfrau Melusine Hartl, hatte ein Blumenmacherg'schäft und einen Weinreisenden, Namens Isidor Lüftel, der mein Bräutigam war. Dieser Reisende des Weines beredet mich eines Tages, ich soll einen Wechsel für ihn acceptiren, ich thu's, er reist ab, die zwei Monate, die der Wechsel läuft, laufen ab, der Lüftel kommt nicht zurück, laßt nichts von sich hören, endlich verlangt man von mir Bezahlung des Wechsels, und weil ich nur Thränen, aber kein Geld flüssig machen konnte (schluchzend), muß ich für den schlechten Kerl in's Gefängniß spazieren.

#### Hahn.

Hörn's auf; der Weinreisende hat Sie also doppelt sitzen lassen. No, wann's die G'schicht' in Norddeutschland hören, sagen's g'wiß höchst indignirt: Solche Weinreisende gibt's nur in Oesterreich!

#### Melusine.

Ja, Sie haben recht, o, Lüftel — Isidor Lüftel, diese Schändlichkeit verzeih' ich Dir im Leben nicht!

#### Hahn.

Sie lieben ihn aber doch nicht mehr? —

#### Melusine.

Lieben? O ja, ich liebe — liebe mit aller Glut, deren eine Blumenmacherin fähig ist, aber — einen Andern! — Es hat sich bereits Ersatz gefunden.

#### Hahn.
Ersatz? Hier im Schuldenarreste? Ah gehn's, das erlaubt ja die Hausordnung nicht! —

#### Melusine.
Was fallt denn Ihnen ein? Ich liebe zwar herin, aber einen der draust is! — die G'schicht' ist so: Alle Donnerstag hatte ich von meinen Gläubigern einen Ausgang bewilligt. Auf einem dieser Ausgänge wird mir plötzlich unwohl, ich werd' bewußtlos — ich fall' um — und wie ich wieder zu mir komm' — sehe ich einen jungen Mann eifrig um mich beschäftigt — ich dankte ihm natürlich mit schwacher Stimme — er bietet sich mir mit noch schwächerer Stimme als Begleiter an — ich acceptire —

#### Hahn.
Sie haben schon wieder acceptirt?

#### Melusine.
Keinen Wechsel, sondern nur die Begleitung — wir kommen in's Reden und endlich so weit, daß ich ihm für nächsten Donnerstag ein Rendezvous in den Anlagen des Abgeordnetenhauses bewilligte, aber er mußte mir schwören, mich nie um meinen Namen zu fragen und mir auch nie zu folgen. Den Grund — eh schon wissen!

#### Hahn (lachend).
No natürlich! —

#### Melusine.
So sahen wir uns durch zwei Monate alle Donnerstag — während der Zeit fingen wir uns erschrecklich zu lieben an, und jetzt, wo ich frei bin, werde ich Alles thun, um den Geliebten für immer an mich zu fesseln! — der Andere aber — mein ehemaliger Weinreisender — wann ich den erwisch — der wird z'rissen.

#### Hahn.
Ja, recht haben's — aber früher muß er zahlen, und in dieser Hinsicht biete ich mich Ihnen, da Rache ohnehin zunächst mein einziges Gewerbe ist, als Succurs an.

#### Melusine.
Sehr verbunden Herr von Hahn, und sollt ich Ihnen in Zukunft mit was dienen können, so bitt ich's nur zu sagen.

**Hahn.**

Zu gütig, mein Fräulein! (Man hört hinter der Scene rufen.) Wer'n's dableiben — oder ich requirir' die Polizeiwach'!

## 3. Scene.

**Vorigen. Schwefelkopf** (von Knöpfl verfolgt).

**Schwefelkopf** (excentrisch im Wesen und Aussehen, trägt einen türkischen Fez, unter dem Arme ein in Druckpapier eingeschlagenes Kleiderpaket, eine lange Kaffeehauspfeife und um den Leib einen an einer Schnur befestigten Schnellsieder. Er ruft zornig):

Zehn Schritt vom Leib, zudringlicher Schneider, oder ich renn' Dir die Pfeife in den Wanst! (Sticht mit der Pfeife nach Knöpfl.)

**Knöpfl** (ältlicher Mann in schlichter Kleidung ebenfalls aufgeregt).

Was? Sie wollen mich, Ihren Gläubiger, attaquiren? Unterstehen Sie sich! (Schlägt ihm die Pfeife aus der Hand.)

**Schwefelkopf.**

Million Zündnadelbüchsen, mein Kopf — er hat mir den Kopf 'runterg'haut, was hält mich ab, Sie zu massakriren.

**Knöpfl** (sich in Vertheidigung setzend).

Wahrscheinlich ich selber — kommens nur her — wer'n wir gleich seh'n —

**Hahn** (dazwischen).

Aber meine Herren — was gibt's denn?

**Schwefelkopf.**

Ah, theurer Schicksalsbruder, helfen Sie mir. Sie wissen, daß ich schon seit drei Monaten hier, wohin mich der Wütherich bringen ließ, fern von meiner Braut schmachte, heut' endlich winkt mir die Freiheit, ich will fort in die Arme meiner Anastasia und jetzt laßt er mich nicht los! —

**Knöpfl.**

Weil ich fürcht', daß S' mir durchgeh'n!

**Melusine.**

Wer sind denn die Herren?

###### Hahn (sie vorstellend).

Herr Knöpfl, Schneidermeister, der diesen Herrn (auf Schwefelkopf weisend) wegen einer Schuld einsperr'n ließ!

###### Schwefelkopf.

Und ich bin Schwefelkopf, Tanzmeister und Pyrotechniker in einer Person, leider aber auch das Opfer dieses Schneiders.

###### Hahn.

Dafür aber hat ihn die Nemesis gestraft, indem er selbst wegen einer Schuld eing'sperrt und so der Bettnachbar seines eigenen Schuldners wurde.

###### Knöpfl.

Ja, in meiner größten Noth hab' ich noch alle Wochen die Alimentationskosten für den Schwefelkopf zahlt, damit er mir ja net auskommt, und heut' soll ich ihn so mir nix Dir nix fortlassen, bloß weil's dem Reichsrath g'rad eing'fall'n is, die Schuldhaft aufz'heb'n?

###### Hahn.

Ei, Herr Knöpfl, tadeln Sie doch nicht diese humane Verfügung —

###### Knöpfl.

Ach was, humane Verfügung! Daß's mich auslassen, find' ich in der Ordnung, daß aber alle miteinander frei werden, das hat nicht meinen Beifall, denn was nützt's auch? 's gibt zwar keinen Arrest mehr — aber Schulden gibt's —

###### Schwefelkopf.

Da stimm' ich bei und so lang' ich wegen Schulden noch bedrängt werden kann, ist die Verfügung eine halbe Maßregel, kann Oest'rreich unmöglich die Früchte der Freiheit genießen.

###### Knöpfl.

O, Sie wären schon lang ohne Schulden — wann Sie den Willen hätten, zu zahlen, hätten Sie auch die Mittel g'funden.

###### Schwefelkopf.

Plauschen's net, hätt' ich vielleicht der hiesigen Polizeimannschaften Tanzstunden geben sollen, oder glauben Sie, es wär' mir erlaubt worden, im Schuldenarrest ein Feuerwerk z'machen? Man hat mir ja in Folge meines Ansuchens, um Verabfolgung von zwei Zentner Schießpulver, den Bescheid geben: Es kann dem Bittsteller unter keiner Bedingung gestattet werden, allhier im Schuldenarrest Körper zu erzeugen, deren Feuergefährlichkeit eine stete Bedrohung des naheliegenden Paradeplatzes befürchten ließe.

### Hahn.

Na also, Herr Knöpfl, sein's g'scheidt, lassens den Herrn in Ruhe, bis er sich wieder a bissel arrangirt hat!

### Schwefelkopf.

O, ich werd' nicht nur mich, sondern auch große Gartenfeste arrangiren, bei welchen ich als Tanzmeister meinen allerneuesten Nationalitätentanz exekutir' und zum Ueberfluß auch noch als Feuerwerker abbrenn'!

### Knöpfl.

Gut; ich will Ihnen Zeit geben, schaun's, daß's was z'Stand bringen, daß's Geld einnehmen und nachher vergessen's net, daß der Schneider Knöpfl a armer Teufel is, der a a Geld braucht!

### Schwefelkopf.

Sein's unbesorgt, Schwefelkopf wird Ihnen beweisen, daß die Ehrlichkeit sich mit seinen sonstigen Talenten recht gut verträgt. (Sie schütteln sich die Hände.)

(Man hört in der Scene „Hoch" rufen.)

### Hahn.

Ah, da kommen die andern Schuldgefangenen.

## 4. Scene.

**Vorigen. Herr und Frau v. Pfundmann, Stich. Fr. Stich, Jean, Marl, Seppel** (nebst anderen Schuldnern und Angehörigen beiderlei Geschlechts kommen unter Umarmungen und stürmischen Hoch-Rufen auf die Scene).

### Stich.

Mein lieb's Weib, Gott sei Dank, endlich bin ich wieder frei. Aber wo sein denn die Kinder?

**Resi** (Fr. Stich).

In der Schul'; ich hab' ihnen ja immer g'sagt, Du bist auf Reisen — no ja — 's wär doch a Schand g'west, hätt' ich sagen sollen: Euer Vater is eing'sperrt.

**Stich.**

Ja, wahr is, hast ganz recht g'habt.

**Frau Pfundmann** (zu Pfundmann).

Da hast die goldene Uhr, da sein die Brillantring und die Brustnadel! (Gibt ihm die Schmucksachen.)

**Pfundmann** (sie ansteckend).

Aber Frau, wann unser Gläubiger den Aufwand sieht?

**Fr. Pfundmann.**

Ah was, der Schmuck g'hört mein, i leih' Dir'n ja nur!

**Pfundmann** (lachend).

Richtig — Dir g'hört Alles und i g'hör a Dein!

### 5. Scene.

**Vorige. Maxenpfutsch** (von der Seite).

**Jean** (ihm entgegen).

Herr Baron! —

**Maxenpfutsch** (vornehm).

A, Jean, bist Du da?

**Jean.**

D'raußen steht's Reitpferd.

**Maxenpfutsch.**

Bm! Ich habe meinen Gläubigern geschworen, ein ganzes Jahr im Schuldenarrest zu bleiben und Baron Maxenpfutsch hält seinen Schwur, denn er **geht** nicht aus dem Schuldenarrest, jamais, er reitet! (Geht von Jean gefolgt ab.)

**Stich.**

Also komm', liebe Resi!

**Pfundmann.**

Komm', liebe Frau —

#### Hahn.
Fräulein, darf ich Ihnen meinen Arm anbieten!
#### Melusine.
Bitte, Herr von Hahn!
#### Schwefelkopf.
Komm' her — Schneider — Arm in Arm mit Dir ford're ich jetzt mein Jahrhundert in die Schranken!
#### Hahn.
Der letzte Tag im Schuldenarrest! bei dem Gedanken wird mir auf einmal ganz eigenthümlich um's Herz!
#### Melusine.
Mir wird a so g'wiß traamhappert, obwohl ich eigentlich froh bin, daß ich hinauskomm!
#### Hahn.
Und mir fällt auf einmal das gewisse Liedl ein (singt):
So leb' denn wohl, du stilles Haus,
Ich zieh' betrübt aus dir hinaus.
(Alle fallen ein.)
Und finden wir das höchste Glück,
Wir denken doch an Dich zurück!
(Während die letzten zwei Zeilen wiederholt werden, präsentirt die Polizeiwachmannschaft, welche sich aufgestellt, mit den Gewehren. — Alle wenden sich zum Abgehen der Vorhang fällt.)

## Zweites Bild:
### Die schwarze Wolke.
(Ein Speisesalon in Krempelmaiers Etablissement, im Hintergrunde offene Bogen mit Schlingpflanzen gezierte Pfeiler, durch welche man den Ausblick in einen Garten hat).

### 6. Scene.
Krempelmaier (aus dem Garten, ihm folgen mehrere Kellner).

#### Krempelmaier.

Hier im Speisesalon soll die Tafel aufg'stellt werden, hab' ich g'sagt und was der Herr sagt, muß von den Kellnern respektirt werden. Glaubt Ihr, weil Ihr jetzt Euern Verein habt's, in welchem Ihr über die Wirthe loszieht's, jetzt müssen die Herren thun, was I h r wollt?

#### 1. Kellner.

Aber Herr von Krempelmaier!

#### Krempelmaier.

Stad sein — ka Wort reden — und wem's nicht recht ist, kann gehn — ich brauch Euch Alle nicht — ich lasse mir Kellner aus Dresden kommen.

#### 1. Kellner.

Aber Herr von Krempelmaier!

#### Krempelmaier.

Ich will nix hören — nur da keine Reden halten — im Verein könnt's weg'n meiner sagen: der Krempelmaier ist ein Unmensch — ein verrückter Kerl — könnt's schimpfen, wie's wollt's, aber hier red' ich, verstanden, und jetzt schaut's, daß die Tafel herein kommt, oder ich komm' hinaus und nachher —

#### 1. Kellner.

Vorwärts Burschen, die Tafel wird im Salon aufg'stellt! (Eilt mit den Kellnern hinaus.)

### 7. Scene.

#### Krempelmaier (allein).

Wetter, sag' mir nur, was du heuer für ein Wetter machst! Alle Viertelstund regnets, es wär' nothwendig, ich laufert den ganzen Tag in einer Kleihonzischen Schwimmhosen herum — vorgestern hat's mir das Gartenfest, was mich 800 fl. kost hat, verwaschen, gestern ist mein splendid ausgestatteter Sommermaskenball unter Wasser g'setzt worden und heut', wo bei mir a Hochzeit im Garten g'feiert wer'n soll, steht schon wieder seit z'Mittag eine schwarze Wolken wie angenagelt über mein Etablissement — als wenn's nur auf die Hochzeitsgäst' warten thät. O, ich könnt' verruckt wer'n!

(Man hört das Zerschlagen einer Anzahl Glassachen.)

Bravo, da haut mir wieder einer von die Burschen 5000 Gläser z'samm! (Sieht hinaus.) Das ist der Poldl — die Gläser hat er z'samm'ghaut, jetzt nimmt er ein Haufen Teller — er kommt 'rein, no wart, Kerl! (Zieht sich zurück.)

## 8. Scene.

**Vorige. Poldl** (im schwarzen Frack, Linkolnkragen, einen Stoß Teller auf dem Arm tragend, kommt in den Salon.)

**Poldl** (im Eintreten).

Will mir g'schwind die Teller einastellen und nachher heißt's die Glasscherben z'sammklauben, denn wann der Krempelmaier dazu kommt, so —

**Krempelmaier.**

Er ist schon da, der Krempelmaier — ist schon da —

**Poldl** (schreit erschrocken).

Ah! (und läßt die Teller fallen, Krempelmaier entsetzt anstarrend.)

**Krempelmaier.**

Brav! Jetzt haut er die Teller auch noch z'samm! — (Er faßt ihn bei den Schultern.) No, ferti bist, jetzt komm her — daß ich Dir die Seel aus'n Leib 'raus beuteln kann!

**Poldl.**

Ich bitt', Herr von Krempelmaier, ich werd' den Schaden ersetzen —

**Krempelmaier** (der ihn den Kopf beutelt).

Das mußt Du auch, Du verflixter Bub' —

**Poldl.**

Au — au! Herr von Krempelmaier — ich bitt' beuteln's mich auf der rechten Seiten, die linke g'hört dem Zahlkellner —

**Krempelmaier** (zornig).

Haut's nur Alles z'samm, Gläser — Teller — Schüsseln — and're G'schäftsleut' wollen auch was verdienen — und der Krempelmaier kann's ja thun, der hat's ja — dem regn't's ja ordentlich in alle Säck' nein.

### Poldl.

Herr von Krempelmaier (fährt sich aufgeregt mit der Hand durch die Haare, richtet sich den Linkolnkragen), wann ich sag' ich ersetz den Schaden — so brauchen Sie mir a net gar so unbändig den Schopf z'beuteln — das paßt sich für die Wirthe der Vorzeit mit die blauen Fürter und die grün Kappeln aber nicht pour le restaurateur unserer Zeit.

### Krempelmaier.

Was? Du unterstehst Dich mir ein Reprement z'geben? Aber das ist auch eine Folge der neuen Zeit, in der Alles d'runter und d'rübergeht. Die Welt ist jetzt verkehrt, der Diener diktirt dem Herrn, und darüber wird a der Himmel, wenn er auf das Treiben 'runterschaut, ganz narrisch und regnet einem mitten in's schönste Wetter. Muß nur gleich schau'n, was mit der schwarzen Wolken is! (Blickt hinaus, trostlos.) Steht noch immer da — g'rad ober'n Etablissement! Marsch, Poldl, klaub' die Scherben z'samm und nachher frag' d'raust, warum die Tafel no immer nit hereinkommt. (Läuft zornig auf und ab.)

### Poldl (der die Stücke zusammenliest).

Ich such' mir einen andern Herrn, der ruinirt mir die Toilett' z'stark — da brauchet ma ja alle Viertelstund ein neuen Linkolnkragen! (Lauft ab.)

## 9. Scene.

Vorige. Heinrich (von der Seite).

### Heinrich.

Lieber Vater — Sie haben mich zu sprechen gewünscht — ich such' Sie schon im ganzen Etablissement!

### Krempelmaier.

Ja, Heinrich, ich hab' sehr wichtig zu reden mit Dir. Sag' mir, wie stehst Du mit meiner Mündel, mit der Emma?

### Heinrich.

Sehr gut — wir sein ja immer gut miteinander g'wesen!

### Krempelmaier.

Na also, und wann wirst denn endlich zu mir kommen und sagen: Vater, gib uns Deinen Segen — ich will die Emma heirathen?

### Heinrich.
Heiraten?

### Krempelmaier.
No, was machst denn so a dalkert's G'sicht, daß ich mich als Vater ordentlich schamen muß? — Hab ich Dir nicht schon vor neun Monat g'sagt, daß ich diese Heirat wünsche?

### Heinrich (verlegen).
Vater in der kurzen Zeit —

### Krempelmaier.
Was? Neun Monat' sein a kurze Zeit Courmachen? Da schau andere junge Männer an, was die in neun Monaten Alles vor sich bringen, da kann einer verheiratet sein, Familie haben und um Scheidung einkommen.

### Heinrich.
Ich werd' mich bemühen —

### Krempelmaier.
Ja, sei so gut und bemühe Dich endlich einmal — Du hast nur mehr drei Monat Zeit, wenn nicht Alles in Trümmern gehen soll! —

### Heinrich.
Was soll denn in Trümmern gehen?

### Krempelmaier.
Ich, Dein Vater mitsammt'n G'schäft. Ich seh schon, daß ich deutsch mit Dir reden muß. Wie Du mich anschaust bin ich ein armer Teufel und kann mich nur mit dem Vermögen meiner Mündel, was sich auf 70.000 fl. belauft, aufrecht erhalten. Darum mußt Du die Mündel heiraten — denn jeder Andern muß ich Rechnung legen, und dann wäre ich ruinirt. Begreifst Du jetzt?

### Heinrich.
Ach, Vater, was Sie mir sagen, macht mich ganz entsetzt! —

### Krempelmaier.
Um so besser — dann wirst Du auch nicht mehr länger umbandeln, denn die Zeit drängt wirklich. Erfahre weiter,

was noch geschehen ist. Vor neun Monaten hat meine Mündel eine Bekanntschaft mit einem Leinwäschhändler g'macht — ich bin dahinter gekommen und hab' ihn kaum noch aus den Weg räumen können.

###### Heinrich (starr vor Schrecken).

Himmel, Sie werden ihn doch nicht —

###### Krempelmaier.

Umbracht haben? Nein, ich hab' ihn blos einsperren lassen. Mit dem Geld seiner Mündel hab ich seine Wechsel aufkauft — seit neun Monaten sitzt er — länger aber als ein Jahr kann ich ihn nicht fest halten. Du hast also nur noch drei Monate Zeit und mußt, wann er aus dem Schuldenarrest kommt, verheiratet sein.

###### Heinrich (trostlos).

Vater — das ist zu spät.

###### Krempelmaier.

Jetzt is's ihm auf einmal z'spät — no gut — so heirat's früher.

###### Heinrich.

Es geht gar nimmer — denn wenn der Andere plötzlich erscheint —

###### Krempelmaier.

Wie kann er denn plötzlich erscheinen, wann er noch drei Monat' sitzen muß.

###### Heinrich.

Ja, wissen Sie denn nicht, daß seit heute die Schuldhaft aufg'hoben ist?

###### Krempelmaier (perplex).

Was? Die Schuldhaft, sie wär — nicht möglich! —

###### Heinrich.

Seien Sie versichert, Vater, daß heut' kein einziger Schuldgefangener mehr im Arrest sich befindet.

###### Krempelmaier.

Also wirklich? Ah, jetzt bin ich hin. (Fällt in einen Sessel.)

#### Heinrich.

Lieber Vater —

#### Krempelmaier (verzweifelt).

Jetzt hab' ich glaubt, der Leinwäschhändler ist aufgehoben, daweil is die Schuldhaft aufg'hoben — da möcht man ja kerzengrad aus der Haut fahren. (Läuft umher.) Was fang' ich jetzt an? —

## 10. Scene.

(Mehrere Kellner mit Kouverts, Tellern Gläsern durch die Mitte.)

#### Vorigen.

#### Krempelmaier.

Was gibt's? Was wollt's denn?

#### 1. Kellner.

Wir wollen die Tafel decken!

#### Krempelmaier.

Marsch hinaus — draußt im Garten wird deckt.

#### 1. Kellner.

Aber der Herr hat g'schafft —

#### Krempelmaier.

Was für ein Herr? Der Herr ist ein Esel, die Tafel wird draußt gedeckt.

(Die Kellner ab.)

#### Krempelmaier (sich erinnernd).

Mir scheint, ich hab's selber g'schafft, wegen der schwarzen Wolken. Alles eins! Das ist jetzt nicht so wichtig! Heinrich, hör' mich an! Ihr müßt noch heute miteinander verlobt werden.

#### Heinrich.

Vater —

#### Krempelmaier.

Red' mir nix drein, die Emma muß Dir noch heut' Ihr Jawort geben! Das kann am besten während der Hochzeitstafel g'scheh'n — der Brautvater, Weinbergbesitzer Tippel aus Nötz, ist ein guter Freund von mir, ich Du und die

Emma sein zur Tafel geladen, bei dieser Gelegenheit muß die Sach' abgemacht werden.

### Heinrich.

Gut, Vater — aber erfahren Sie, daß ich unserer Ehre ein großes Opfer bringe?

### Krempelmaier.

Warum ein Opfer?

### Heinrich.

Weil ich eine Andere liebe!

### Krempelmaier.

Eine Andere? Wer ist sie? Wie heißt sie? Hat sie Vermögen?

### Heinrich.

Das weiß ich nicht!

### Krempelmaier.

Das weißt nicht, ja was weißt denn nachher?

### Heinrich.

Nichts, gar nichts; aber ich vermuthe, daß sie hohen Standes ist, denn ich sah sie nur alle Donnerstag auf einen Moment und sie ließ sich aus Familienrücksichten, wie sie sagte, nicht von mir begleiten — sagte mir auch nie, wo sie wohnt.

### Krempelmaier.

Und wenn sie eine Prinzessin wär, kann ich sie nicht brauchen. Bis wir erfahren, ob sie Geld hat, kommt uns der losgelassene Leinwäschhändler in die Quer, denn der geht ganz anders in's Zeug als Du! — d'rum vorwärts, Du gehst jetzt zur Mündel und holst sie zur Tafel ab, die Hochzeitsgäste wer'n net mehr lang ausbleiben! Vorwärts!

### Heinrich.

Ich geh, Vater! (Im Abgehen seufzend.) Ach, Melusine! (Mitte ab.)

## 11. Scene.

**Krempelmaier** (allein).

Jetzt lassen's mir den Leinwäschhändler aus, da hört sich Alles auf. Möcht nur wissen, was das heutzutag für eine Jagd nach allen möglichen Freiheiten is? In früherer Zeit hat's ja auch Freiheiten geben, wie z. B: die Billardfreiheit, die Maskenfreiheit, daß man aber sogar für Schuldner eine Freiheit bewilligt, das wär' kein'n Minister von Anno dazumal eing'fall'n und das waren ganz andere Minister als die jetzigen, da hat a Anziger mehr ausgeben, als heutzutag Alle miteinander. — Jetzt muß ich aber gleich schauen, was's mit der Hochzeitstafel is! (Mitte rechts ab.)

## 12. Scene.

**Hahn und Melusine** (treten in demselben Augenblicke, wo Krempelmaier abgeht, auf).

**Krempelmaier** (im Abgehen sie begrüßend).

Hab' die Ehre meine Herrschaften (man hört ihn draußen rufen). He, Poldl! in'n Salon 'neinschau'n — Gäst sein kommen.

**Hahn.**

Hier also mein Fräulein, hoffen Sie den Auserwählten Ihres Herzens zu finden?

**Melusine.**

Ja, denn er ist der Sohn des Etablissementbesitzers.

**Hahn.**

Schön; wann er uns aber sieht, was wird er sich denn über mich für Vorstellungen machen?

**Melusine.**

No, er wird Sie für meinen Bekannten halten.

**Hahn.**

Einen Kousin — oder gar Liebhaber.

**Melusine** (erschrickt).

Liebhaber? das wär schrecklich.

#### Hahn.

So? das wär' schrecklich? Mein Fräulein, soll ich das für ein Kompliment halten?

#### Melusine.

Mißverstehen Sie mich doch nicht. Gerade weil Sie ein so hübscher, interessanter junger Mann sind, könnte er eifersüchtig werden.

#### Hahn.

Ja, dann geh' ich halt wieder fort. (Will gehen.)

#### Melusine.

Aber ich bitt' Sie, Sie werden mich doch nicht allein hier lassen! Ich hab' Sie ja blos mitg'nommen als —

#### Hahn.

Elefant? No, das ist doch sicher kein Kompliment.

#### Melusine (schmollend).

Ach, sein's doch nicht gar so difficil auf einmal! Sie haben mir heut' Morgen Ihren ritterlichen Schutz antragen, und ich hab' mir erlaubt, Sie beim Wort zu nehmen.

#### Hahn (heiter).

Hab'n auch ganz recht gethan — verzeihen Sie mir meine Unhöflichkeit, ich will meiner Ritterpflicht genau nachkommen. Bitte setzen Sie sich. (Ruft.) He Kellner! Kellner! kommt denn gar Niemand!

## 13. Scene.

### Vorigen. Poldl.

#### Poldl (hereintretend).

Befehlen?

#### Hahn.

Portion Kaffee für die Dame und für mich ein Pfiff Wein!

#### Poldl (erstaunt).

Pfiff Wein? Bitt', Sie wollen wahrscheinlich eine Bouteille Wein?

#### Hahn.

Nein — ich will einen Pfiff ganz gewöhnlichen Wein!

#### Poldl.

Ja, bitte, es handelt sich bei uns nicht um den Wein, sondern um die Bouteillen!

#### Hahn.

Na also — meintwegen a Bouteillen! Nachher möchten wir auch vielleicht was essen.

#### Poldl.

Da bitt' ich mit dem Speisenträger zu konferiren, ich bin blos für den Trunk. (Geht, sich leicht und lächelnd verneigend durch die Mitte ab.)

#### Hahn.

He halt — Du — hörst net? Du!

#### Poldl (kommt zurück mit Indignation).

Du, sagt er? (laut und unwirsch.) Wollen Sie n o ch w a s zum Trinken?

#### Hahn.

Nein, ich will was w i s s e n!

#### Poldl.

Wissen! Kann nicht dienen — bin blos für'n Trunk. (Will fort.)

#### Hahn.

He, halt — bist net a für a Papierzehnerl — wannst ein's z'schenken kriegst?

#### Poldl (kommt rasch zurück).

A Papierzehnerl? — Bitt'! dafür bin ich s e h r.

#### Hahn.

No also, da hast ein's und jetzt sag' mir — wird heut' der Sohn des Herrn Krempelmaier hier zu finden sein?

#### Poldl.

O, ganz gewiß. Bei der Hochzeitstafel, die d'raust im Garten ist, werden's ihn treffen; wir erwarten die Gäst jeden Augenblick!

**Melusine** (springt auf).

Hochzeit? Um Alles in der Welt — er heiratet — er feiert seine Hochzeit — Herr von Hahn — ich sterbe. (Fängt zu schluchzen an.)

**Hahn.**

Aber Fräulein, fassen Sie sich!

**Poldl.**

Sie want! Ah das ist g'spaßig!

**Hahn.**

Nur ruhig — ruhig — es muß ja g'rad nicht seine Hochzeit sein! (Zu Poldl.) Nicht wahr, der junge Herr Krempelmaier heiratet heut' nicht?

**Poldl.**

Nein! — Er sollt' zwar schon lang heiraten, aber es is bis dato nix d'raus worden.

**Melusine** (stürzt auf Poldl zu).

Er soll heiraten — ach — liebes Kind, sagen's mir — wen soll er heiraten?

**Poldl.**

Liebes Kind? (Lächelt sie an.)

**Melusine.**

So reden's doch!

**Poldl.**

No ja — die Mündel vom Herrn, Fräulein Emma Blum, soll er heiraten.

**Hahn** (ruft).

Emma Blum? Nicht möglich!

**Poldl.**

Jetzt fangt der an!

**Hahn.**

Da, mein Lieber hast noch zwei Zehnerln (gibt sie ihm) jetzt red' — die Emma Blum ist die Mündel Deines Herrn? Und er hat mich wahrscheinlich — ach! nun geht mir ein Licht auf!

#### Poldl.

Ja, sie ist die Mündel, wann Sie's sehen wollen, sie kommt a zur Hochzeitstafel.

#### Hahn (höchst aufgeregt).

Ob ich sie sehen will! Fort Bursch', bring' mir mein'n Wein. Jetzt wird mir auf einmal allerhand klar.

#### Poldl.

Mit Vergnügen! — (Im Abgehen.) 30 kr. Trinkgeld, das gibt zehn papierene Linkolnkrägen! (Eilt hinaus.)

## 14. Scene.

#### Vorigen ohne Poldl.

#### Melusine (eilt auf und ab, trostlos).

Er soll die Emma Blum heiraten.

#### Hahn (eilt ebenso auf und ab).

Sie soll den Krempelmaier heiraten.

#### Melusine.

Ich stürz' mich in's Wasser.

#### Hahn.

Ich fahre in die Luft!

#### Melusine.

Aber früher werd' ich den Ungetreuen zur Rede stellen!

#### Hahn.

Aber früher werd' ich der Falschen meine Meinung sagen, die mit ihrem Vormund gegen mich intriguirt hat.

#### Melusine.

Herr von Hahn!

#### Hahn.

Fräulein Melusine!

#### Melusine.

Wir zwei halten z'samm.

#### Hahn.

Wir unterstützen uns gegenseitig!

#### Melusine.
Die Heirat darf nicht stattfinden.

#### Hahn.
Um keinen Preis, eher schieß ich den jungen Krempelmaier über den Haufen.

#### Melusine.
Und ich kratz der jungen Emma Blum die Augen aus! — Kommen Sie, suchen wir Sie auf.

#### Hahn.
Ja gehen wir. (Sie eilen gegen die Mitte).

(Man hört von Außen Schwefelkopf rufen.)

Wo ist die Treulose, daß ich ihr meinen Fluch geben kann? (Kommt durch die Mitte auf die Scene).

## 15. Scene.

Vorigen. **Schwefelkopf** (in höchster Rage hereinstürzend).

#### Hahn.
Der Pyrotechniker.

#### Melusine.
Der Tanzmeister!

#### Schwefelkopf.
Ah, da find' ich Bekannte, denen ich meine Verzweiflung schildern kann! — Meine Geliebte — Ah!

#### Hahn.
#### Melusine.
No was is's denn?

#### Schwefelkopf.
Meine Anastasia — oh!

#### Hahn.
#### Melusine.
So reden's doch.

#### Schwefelkopf.
Sie hat mich verrathen, mich sitzen lassen, wie a verpfuscht's Raket'l, was net losgeht, sie heirat't einen Andern, sie hat ihn schon g'heirat, heut' am Abend fangt die Hochzeitsnacht an! — O, ich wollt, die ganze Welt wär' ein einziger, ungeheurer Speibteufel und ich hätt' a brennende

Lunten in der Hand. (Nach dem Garten blickend.) Ha dort kommt sie — die erste im weißen Kleid mit der schwarzen Seel' — da kommt sie im Arme ihres Bräutigams. Wo hab' ich denn meinen Taschenfeidl.

Hahn.

No, sein's so gut!

Melusine (die hinausblickt).

Himmel, was seh' ich — das ist ja der Lüftel, mein Weinreisender und der heirat't eine Andere! Ah! Rache!

Hahn.

He, halt — (hält Melusine an der einen, Schwefelkopf an der andern Hand).

Schwefelkopf.

Auslassen!

Melusine.

Auslassen!

Hahn.

Aber Kinder — nimmt's doch Vernunft an!

## 16. Scene.

Vorigen. Tippel, Lüftel, Anastasia als Brautleute. Regina als Kranzeljungfer. Emma, Heinrich, Krempelmaier und Hochzeitsgäste treten eilig ein.

Krempelmaier.

Bitt' nur hier herein, meine Herrschaften. Die verdammte schwarze Wolken wird gleich losbrechen, darum wollen wir das Hochzeitsfest im Salon feiern.

Tippel (ein dicker, behäbiger Mann in halb ländlichem, halb städtischem Anzuge).

Recht is 's, wir können ja da a lustig sein!

Lüftel (zärtlich zu Anastasia).

Und glücklich, gelt theure Anastasia!

Anastasia (sich an ihn schmiegend).

Ja, theurer Isidor!

Schwefelkopf (reißt sich von Hahn los).

Auslassen, sag' ich! (Stürzt auf Anastasia zu und ruft wüthend.) Fräulein Anastasia!

**Anastasia** (erblickt Schwefelkopf, schreit entsetzt) **Ah!** (und fällt ohnmächtig in die Arme einiger Hochzeitsgäste).

**Melusine** (ist in die Mitte geeilt, und sich gegen Lüftel wendend, ruft sie).

Herr Lüftel!

**Lüftel** (entsetzt).

**Ah!** (Fällt auch in die Arme der ihm Zunächststehenden.)

**Heinrich** (kommt von rechts auf Melusine zu und ruft freudig).

Fräulein Melusine!

**Melusine** (die ihm den Rücken zukehrt, wendet sich um, ruft). **Ah!** (und fällt in seine Arme).

**Hahn** (ist mittlerweile von links nach rechts zu Emma gekommen, ruft vorwurfsvoll).

Fräulein Emma! —

**Emma** (schreit nun auch auf). **Ah!** (und fällt in Ohnmacht).

(Diese verschiedenen Reden und Ohnmachten müssen mit rapider Schnelligkeit aufeinander folgen. — Die Hochzeitsgäste rufen durcheinander).

Fräulein Emma — Herr Lüftel — Anastasia — Melusine — Wasser — Wasser!

**Krempelmaier** (kommt von rechts an Tippel vorüber und ruft):

Himmel tausend Donnerwetter — da geht's ja zu wie auf der Börs'? (Zu Hahn.) Mein Herr, ich, der Besitzer dieses Etablissements, fordere Aufklärung! Vor Allem, wer sind Sie?

**Hahn.**

Wer ich bin? Ihr Opfer, Hahn, der L e i n w ä s ch - h ä n d l e r! —

**Krempelmaier.**

Der Leinwäsch—? **Ah!** (Fällt nun ebenfalls zurück und zwar auf den Rücken Tippel's, der sich seit der ganzen Scene verblüfft hin und her gewendet hat.)

**Tippel.**

Mordigall — was treibt Er denn? He, Krempelmaier! (Einige Kellner eilen mit Wasser herbei, P o l d l besprengt die Ohnmächtigen mit Wasser. — Große Verwirrung.)

**Hahn.**
Wir sind gerächt! — Nun, geh'n wir —

**Schwefelkopf** (mit Befriedigung).
Alle sein's umg'fallen, jetzt fehlt nur noch ein Feuerregen.

**Musik. — Gruppe.**

Ende des ersten Aktes.

## Zweiter Akt.

### Drittes Bild:
#### In der Spielwaarenhandlung.

(Magazin der Spielwaarenhandlung. An den Wänden Schränke voll Spielwaaren, auf den Tischen allerlei Schachteln 2c. Rechts der Eingang in den Verkaufsladen, links der Eingang zum Komptoir. Ueber beiden Thüren die entsprechenden Ueberschriften.)

### 1. Scene.

**Frau Hutschenreiter,** eine elegant gekleidete Frau. **Zwei Dienstmänner** mit Kisten und Schachteln durch die Mitte.

**Fr. Hutschenreiter.**

Die Kisten lassen Sie da im Magazin, die Schachteln tragen's hinaus in den Verkaufsladen.

(Dienstmänner mit den Schachteln rechts ab.)

### 2. Scene.

**Fr. Hutschenreiter** (allein).

Jetzt muß ich mit meinem neuen Buchhalter sprechen! (Geht nach links, seufzt, hält inne.) Ach! So oft ich den Menschen seh', krieg' ich Blutwallungen und Herzklopfen. Er ist gar so viel lieb, ich bin förmlich g'schossen in ihn, und wann er wollt', ich thät' ihn auf der Stell' heiraten. (Oeffnet die Thüre links.) Herr Buchhalter!

### 3. Scene.

**Vorige. Hahn** (aus dem Komptoir, mit einer Schrift in der Hand).

**Hahn.**

Ah, Frau von Hutschenreiter beehren uns!

**Fr. Hutschenreiter.**

Ja, ich bin vom Land hereingekommen, weil ich mit Ihnen zu reden habe!

**Hahn** (bringt einen Sessel).

Zu Befehl!

**Fr. Hutschenreiter** (für sich).

Zu Befehl, sagt er — als ob er — ich wüßt' schon, was ich ihm — (sich fassend) doch nein! (Laut.) Herr Buchhalter, wie geht's im Geschäft?

**Hahn.**

Na, es macht sich, wir haben in den letzten Tagen bedeutende Sendungen Spielereiwaaren nach den Provinzen effektuirt, so z. B. nach Prag allein 20,000 Stück Steckenpferde. Auch sind neue Waaren aus Berchtesgaden eingelangt. Hier das Verzeichniß. (Reicht ihr die Schrift.)

**Fr. Hutschenreiter.**

Haben Sie die Güte mir dasselbe vorzulesen.

**Hahn.**

Zu Befehl!

**Fr. Hutschenreiter** (für sich).

Schon wieder zu Befehl — o, wann ich — doch nein! (Setzt sich.) Bitt', fangen's an!

**Hahn** (liest).

Zwei Dutzend Schachteln, Küchengeräthschaften —

**Fr. Hutschenreiter.**

Hätten's nicht zu schicken braucht — ist wenig Nachfrage — die kleinen Mädeln wollen jetzt lauter große Toilettspiegeln und politirte Salonmöbeln zum spielen.

**Hahn.**

Zwanzig Dutzend Schachteln mit Soldaten nach der neuen Uniformirungsvorschrift.

**Fr. Hutschenreiter.**

Schon wieder Soldaten mit neuen Uniformen? Haben wir denn die alten schon zahlt, Herr Buchhalter?

**Hahn.**

Nein — die Kontis sind noch nicht abgelaufen.

**Fr. Hutschenreiter.**

Und was machen wir dann mit den alten Soldaten?

#### Hahn (achselzuckend).

Ja, meine Meinung wär', wir lassen sie frisch lakiren, und statt in Schachteln, packen wir sie in kleine, niedliche Kasernen.

#### Fr. Hutschenreiter.

Kasernen statt der Schachteln — sehr gute Idee! Treffen Sie die geeigneten Anordnungen, aber die Kasernen lieber recht groß machen lassen, daß wir alle unsere Soldaten leicht unterbringen. Bitt', weiter!

#### Hahn.

1000 Stück Zugwurfteln!

#### Fr. Hutschenreiter.

Schicken wir zurück! Kein halbwegs aufgeklärtes Kind spielt heut zu Tage mit Zugwurfteln.

#### Hahn.

Wie wär's, wenn wir Zugfiguren aus Operetten von Offenbach machen ließen?

#### Fr. Hutschenreiter.

Zugwurfteln von Offenbach, geniale Idee! Herr Buchhalter — solche Zugwurfteln g'fallen auch den Erwachsenen — bestellen Sie gleich 50,000 Stück für den Anfang.

#### Hahn.

Zu Befehl! (Notirt.) 50,000 —

#### Fr. Hutschenreiter.

Zu Befehl? Der Mensch macht mich — doch nein! (Laut.) Bitte, weiter!

#### Hahn.

5000 Stück Ballons mit Collodium gefüllt!

#### Fr. Hutschenreiter.

5000 Stück, gewiß sein wieder mehr als die Hälfte darunter, die nicht steigen!

#### Hahn.

Macht nix; wir kündigen sie als Ballons zu Kriegszwecken an!

#### Fr. Hutschenreiter.

Ja — sehr praktisch — weiter!

#### Hahn.
500 Stück Botanisirbüchsen.

#### Fr. Hutschenreiter.
Sein ja noch mindestens 1000 Stück auf dem Lager — wie soll man die alle an Mann bringen?

#### Hahn.
Meine Idee wär': man füllt sie mit Fotografien von der Gallmayer, Matras, Swoboda, Geistinger nebst diversen Balletmadeln, und kündigt an: neuartige Botanisirbüchsen mit Wiener Pflanzen für höhere Realschüler!

#### Fr. Hutschenreiter.
O, das ist prächtig — was haben wir noch?

#### Hahn.
200 Stück amerikanische Drehscheiben.

#### Fr. Hutschenreiter.
Das sind die Scheiben, in welchen, wann sie gedreht werden, die Figuren allerlei Bewegungen ausführen; laufen, springen — glauben Sie, daß die gekauft werden?

#### Hahn.
Gewiß; wir müssen nur neue Figuren dazu malen lassen, z. B. schwarze Reaktionskater, denen die weißen Freiheitsmäus' über'n Buckel springen, Börsianer, die sich die Köpf' 'runterreißen und wieder aufsetzen, weil sie pollakirt worden sein, Passagiere, die neben den neuen Pferdbahnwaggons in den Prater 'nunterlaufen; o, da gibt's eine Masse Variationen! (Sich verbeugend.) So; vor der Hand ist das Alles!

#### Fr. Hutschenreiter (steht auf, entzückt).
Herr Buchhalter, Sie sind eine wahre Perle für mein Geschäft! Seit den vier Wochen, wo Sie eingetreten sind, nimmt dasselbe einen unerhörten Aufschwung. Muß sagen, es ist mir heuer fast ärgerlich, daß ich den Sommer über auf dem Land wohn' und nicht täglich Zeuge Ihrer Thätigkeit sein kann. Aber Sie müssen Sonntag zu mir hinauskommen.

#### Hahn.
Zu Befehl!

#### Fr. Hutschenreiter.

Sagen's doch nicht immer: „zu Befehl!" Das klingt so kalt, so unterthänig —

#### Hahn.

Wie's dem unterthänigen Diener geziemt.

#### Fr. Hutschenreiter.

Ach was, Diener! Sie haben ganz das Zeug zum Herrn — Sie sollten heiraten.

#### Hahn.

Heiraten?

#### Fr. Hutschenreiter.

Ja, und zwar eine reiche Witwe, die ein Geschäft in gutem Gange hat. Da wäre Ihr Eifer, Ihre Tüchtigkeit am Platz. Kommen's doch den Sonntag hinaus zu mir.

#### Hahn.

Zu — zu dienen.

#### Fr. Hutschenreiter.

Geh'n's, Sie sein ein unverbesserlicher Mensch. Ich seh' schon, daß ich Sie ein wenig in die Kur nehmen muß. Sonntag speisen Sie bei mir, dann geh'n wir in den Garten, setzen uns in eine Jelängerjelieber-Laube und ich werde Ihnen wichtige Erklärungen machen.

#### Hahn.

Wichtige Erklärungen? Bin schon sehr gespannt!

#### Fr. Hutschenreiter.

Ja? Na, da kommen's nur! Für heute zeige ich Ihnen blos an, daß ich in Erwägung Ihres Fleißes beschlossen habe, Ihr Salair um monatlich 25 Gulden zu erhöhen.

#### Hahn (erfreut).

Sie geben mir Fünfundzwanzig? O, Frau von Hutschenreiter, meinen Dank!

#### Fr. v. Hutschenreiter.

Nichts von Dank! Ich thu's, weil Sie ein so fleißiger, braver und überdem auch ein so — gesetzter Mann sind.

#### Hahn (seufzend).

O, früher war ich noch mehr gesetzt!

#### Fr. v. Hutschenreiter.

Na, gar zu viel g'setzt is auch nicht gut, mein lieber Herr Buchhalter! Na', Adieu; ich geh' jetzt, einige Einkäufe für meine Landwirthschaft zu machen, dann fahre ich wieder fort — und Sonntag kommen Sie — aber Wort halten.

#### Hahn.

Gewiß!

#### Fr. v. Hutschenreiter.

Also bah, mein lieber, braver, fleißiger Herr Buchhalter (sieht ihn noch einmal an, macht) Oh! (und geht rasch durch die Mitte ab.)

### 3. (halbe) Scene.

#### Hahn (allein).

Die Frau interessirt sich für mich — sie wird mich heiraten wollen. Nun, was verschlagt's mir dann? Ich heirat' sie, aber nicht aus Liebe, sondern aus Rache gegen Emma, meine herzlose Gläubigerin, der ich dann die 2000 Gulden Wechselschulden zahlen und sagen werde: So, meine Gnädige, kein Schuldenarrest — keine Schulden — aber auch keine Liebe mehr! O, wann ich an sie denke, so möcht' ich blutige Thränen weinen, daß —

### 4. Scene.

Vorige. **Melusine** (durch die Mitte).

#### Melusine (ruft in der Thür).

Herr von Hahn!

#### Hahn.

I, Fräulein Melusine! (Eilt ihm entgegen.)

#### Melusine.

Ist's erlaubt?

#### Hahn.

Erlaubt? Es wird gebeten! (Führt sie an der Hand.)

#### Melusine.

Sie sind also Buchhalter in einer Spielereihandlung geworden? Geht's Ihnen gut?

#### Hahn.

Gut — mehr noch — man könnte brillant sagen; ich bin so zu sagen die Seele, der Pulsschlag des Geschäftes.

#### Melusine.

Na, das freut mich vom Herzen.

#### Hahn.

Danke, und was haben Sie seit dem denkwürdigen Tage der Befreiung, seit welchem wir uns nicht mehr gesehen, für ein Schicksal gehabt?

#### Melusine.

Als ich mich damals aus meiner Ohnmacht erholt und gleich Ihnen Schwefelkopf jede weitere Erklärung verweigernd, das Krempelmeierische Etablissement verlassen hatte, suchte ich eine Tant' auf, die sehr viel Geld, sehr viel Hund und sehr viel Kanarienvögel hat. Bei der fütterte ich die Hund mit Hanef, die Kanaribögel mit sauern Peischel — (lachend) nein, verkehrt bitt' sich die Fütterung zu denken — und hauptsächlich bemühte ich mich, meiner Frau Tant' begreiflich zu machen, daß ich einiges Geld brauch', um mein Blumenmacherg'schäft wieder in Gang zu bringen, die Tant' aber, ohnehin harthörig, ist in Folge fortgesetzter Geldforderung ganz thörisch worden, und so bin ich fort von ihr und hab' eine Stell' als Nätherin in einem Nähmaschinen-Lager übernommen, mit der Verpflichtung, alle Tag acht Stund' im Auslagkastel zu arbeiten, daß die Maulaffen von Wien auch a klani Ausheiterung haben.

#### Hahn.

No, und haben Sie von ihren beiden Kourmachern, dem vormaligen und dem nachmaligen, nichts mehr g'hört?

#### Melusine.

Nichts; aber ich will von dem schändlichen Lüftel die Bezahlung des Wechsels fordern, und darum komm' ich zu Ihnen, Sie um Rath zu fragen, wie ich die Sach' einleiten soll, ohne ihm g'rade Unannehmlichkeiten bei seiner Frau zu bereiten.

#### Hahn.

Schreiben sie ihm ganz einfach einen Brief, und ich werde dafür sorgen, daß er ihm in die Hände kommt, ohne daß seine Frau davon was erfahrt!

#### Melusine.
Gut! könnt' ich den Brief nicht gleich da —?

#### Hahn.
Auf meinem Komptoir. Kommen Sie (will nach links mit ihr).

## 5. Scene.

**Vorigen. Schwefelkopf** (mit karrikirter Eleganz gekleidet, stürmt durch die Mittelthür herein).

#### Schwefelkopf.
Freund Hahn — wo ist mein allzeit getreuer Kikeriki! Ah, da is er ja — und die Fräulein Melusine is auch da, das ist mir sehr lieb — Freunde und Schicksalsgenossen einer dunklen Periode meines Daseins, schaut's mich an — wie g'fall' ich Euch in der neuen Nobleßschöller? (Dreht sich auf einem Fuß herum.)

#### Melusine.
Ei, der Schwefelkopf ist schön!

#### Hahn.
Diese Metamorphose Ihres äußeren Menschen läßt auf erfreuliche Aenderung Ihrer Verhältnisse schließen!

#### Schwefelkopf.
Und zwar mit Recht. Ich bin Tanzmeister, hab' einen Salon, der heute zum ersten Mal eröffnet wird, und unter dem Salon zugleich ein Laboratorium für meine pyrotechnischen Zwecke!

#### Melusine.
Na, da wer'n die Tänzerpaare oben weiter net fliegen, wann unten 's Laboratorium in d'Luft geht.

#### Hahn.
Aber wie ist es Ihnen denn gelungen, sich so einzurichten?

#### Schwefelkopf.
Ein meiniger Kollege, Tanzmeister Hexenschuß, der sich zur Ruhe setzen will, hat mir die ganze G'schicht' auf's Abzahlen übergeben und 's Laboratorium hab' ich halt dazu

gemiethet. Jetzt wird die Welt was erleben! Bei dem bevorstehenden Bundesschießen arrrangire ich Gartenfeste den Schützen zu Ehren mit Feuerwerk, vier Hauptfronten, dazwischen laß' ich Freudenraketen steigen und meine neuen Fallschirme unter dem Titel „Minister-Fallschirme von Anno dazumal." Diese steigen strahlend in die Höhe, leuchten eine Weile am nächtlichen Himmel, plötzlich verpuffen sie in der Finsterniß mit einem wehmüthigen Kracher und das Publikum bricht in Enthusiasmus aus! Wird sich das pompös machen, was?

**Melusine.**

No, ich gratulire.

**Hahn.**

Gleichfalls!

**Schwefelkopf.**

Damit ist mir nicht gedient. Sie sollen mich auch werkthätig unterstützen, sollen der heutigen Eröffnung meines Tanzsalons beiwohnen, ich werde Ihnen meine Schüler und Schülerinnen vorstellen — sie, bei die Schülerinnen, da gibt's nix z'lachen, das sein Mordmadeln! Also kommen Sie, Punkt acht Uhr geht's los!

**Hahn.**

Bin dabei — aus alter Freundschaft! Und Sie Fräulein?

**Melusine.**

Na, weil ich heut' g'rad' einen Ruhetag hab', aber Sie müssen mich einführen.

**Hahn.**

Mit Vergnügen!

**Schwefelkopf.**

Es wird unbändig fidel zugehen — ich hab' alle meine Schüler und Schülerinnen beten, Sie sollen sich's Nachtmahl mitbringen — no ja, ob so a Kommis seine Extrawurst in der Einsamkeit ißt, oder ob er diese Wurst in nobler Gesellschaft soupirt, das ist egal, und dann verdauen sich solche Delikatessen besser, wann man gleich hinterher a fesche Polka française tanzt!

**Melusine.**

Haha! hätt' wirklich nicht glaubt, daß unser Freund

auf sein Unglück in der Lieb sich so bald wieder z'sammklauben wird! —

**Schwefelkopf** (ärgerlich).

O, reden Sie mir nix von der unglückseligen G'schicht'! Wann ich auch gar nicht an meine Anastasia denk', so kann ich sie doch nicht vergessen, und in einsamen Nächten da steigt sie wie ein schauerliches Gespenst vor meinem Bett empor und ruft mir mit geisterhafter Stimme zu: Schwefelkopf, ich hab' jetzt bereits vier Kinder, die g'hörten alle Dein, wann Du dieses Familienglück nicht im Schuldenarrest verpaßt häst!

**Melusine.**

Aber plauschen's net; vier Kinder, sie ist ja erst sechs Wochen verheirat'!

**Schwefelkopf.**

No, als G'spenst kann sie Kinder haben so viel's will! — Aber jetzt, bester Hahn — ich möcht' g'schwind' noch a paar Einladungskarten einsiegeln, könnt' ich das nicht gleich bei Ihnen abmachen?

**Hahn.**

Natürlich — da im Komptoir — kommen Sie!

**Melusine.**

Und ich werd' einstweilen meinen Brief aufsetzen! —

**Hahn.**

Bitte nur einzutreten! (Oeffnet die Thür.)

**Schwefelkopf.**

Mein Fräulein, Ihre Hand; sehen Sie, so werden Sie heut' Abend meine Schüler zum Tanz führen! (Nimmt ihre Hand mit einer komischen Verbeugung und geht, sie verliebt anstarrend, nach links ab.)

**Hahn.**

No schaun's, daß wir einmal hinein kommen! (Folgt den Beiden.)

## 6. Scene.

**Emma** (tritt von rechts aus dem Verkaufsladen).

**Emma** (umherblickend).

Im Verkaufsladen hörte ich, der Buchhalter dieses Geschäftes heiße Hahn — sollte er der Mann sein, für den mein Herz ein Gefühl bewahrt, welches ich leider „Liebe" nennen muß? Ich muß ihn sehen — mich mit ihm verständigen, wenn er's aber doch nicht ist —

### 7. Scene.

**Vorige. Hahn** (von links kommend).

Bitte, ganz nach Ihrer Bequemlichkeit!

**Emma.** (ihn erblickend).

Er ist es wirklich!

**Hahn** (Emma sehend).

Eine Dame — Himmel, wen erblick' ich! Fräulein Emma!

**Emma.**

Herr Hahn! —

**Hahn.**

Mein Fräulein — entschuldigen — aber Ihr plötzliches Erscheinen — ich bin ganz konfuß — (Sich fassend). Ha; welch' ein Gedanke! — Fräulein Blum, bitte setzen Sie sich! (Weist ihr einen Stuhl an).

**Emma** (mit schwacher Stimme).

Ich danke Ihnen! (Setzt sich und verhüllt sich mit dem Sacktuch die Augen.)

**Hahn.**

Sie verhüllt das Gesicht — aha — das ist Verlegenheit! — Sie will thun, als ob ihr das Kommen schwer gefallen wär'! Machen wir kurzen Prozeß! (Laut in geschäftsmäßigem Tone.) Mein Fräulein, Sie kommen jedenfalls, sich wegen den fälligen Wechseln zu erkundigen, Sie wollen genau wissen, ob und wann ich Sie bezahlen werde.

**Emma** (erstaunt aufblickend).

Mein Herr —

**Hahn.**

Seien Sie ganz ruhig! Ich bin ein ehrlicher Mann, trotzdem ich neun Monate im Schuldenarrest zubringen mußte. Binnen Kurzem werde ich bei Ihnen oder bei Ihrem

Sachwalter die 2000 Gulden erlegen und Sie von der Sorge um Ihr Geld befreien.

### Emma.

Aber Herr Hahn, ich verstehe Sie ja gar nicht.

### Hahn.

Sie glauben mir nicht, wollen Sie sagen? (Bitter.) O, mein Fräulein, wie kommen Sie dazu, mich zu beleidigen? Es gibt zwar keinen Schuldenarrest mehr — aber Schulden, und diese Schulden werd' ich bezahlen.

### Emma.

Ich weiß wohl, daß Sie verschuldet und in Folge davon einige Monate (sucht nach einem Worte) unsichtbar waren, aber wenn ich auch Ihren — verzeihen Sie mir das Wort — Leichtsinn beklage, so muß ich doch fragen: was kümmern mich Ihre Schulden?

### Hahn.

So? Sie nennen mich leichtsinnig, weil ich Verpflichtungen übernahm, die mein armer Onkel nicht mehr erfüllen konnte? Mein Fräulein, ich habe bisher geglaubt, es sei dies eine **ehrenhafte** Handlung gewesen. Ferner fragen Sie was kümmern mich Ihre Schulden, warum haben Sie meine Accepte eingelöst und mich, nachdem ich **total** ruinirt war, noch neun Monate meiner Freiheit beraubt! — O, Emma — wie konnten Sie einer solchen Grausamkeit fähig sein? War es denn ein so großes Verbrechen, Sie zu lieben? —

### Emma (weinerlich).

Aber Herr Hahn, lieber Herr Hahn, kommen Sie doch zu sich!

### Hahn.

O ich weiß schon, Sie wollen Ihre Handlungsweise bemänteln, wollen sich auf ihren Vormund ausreden, aber ich weiß auch, daß sie den Sohn Ihres Vormundes lieben, daß er Ihr Gatte werden soll, nur begreife ich dann doch noch nicht, weshalb Sie mich so weit brachten, daß ich mit Heine ausrufen muß: Du hast mich zu Grunde gerichtet — (weinerlich) Mein Liebchen, was willst Du noch mehr.

### Emma.

Wie? Ich Heinrich lieben? Seine Gattin werden? Daran denke ich nicht — aber daran denke ich, daß ich Sie vor sechs Wochen im Etablissement mit einer Dame gesehen, die jedenfalls Ihre Geliebte war.

### Hahn.
Wie! Ich, Melusine lieben? (Lacht.) Hahaha!

### Emma.
O, lachen Sie nicht; die Sache ist sehr ernst, und daß ich sie ernst nehme, will ich Ihnen beweisen. Der Sohn meines Vormundes, der mich und eine Freundin hieher begleitete, ist draußen im Laden, ich werde ihn rufen, und er selbst soll Ihnen sagen, ob wir Beide uns lieben!

### Hahn.
Gut, und ich werde Ihnen beweisen, daß die Dame von damals kein Liebesverhältniß mit mir hat! (Er eilt nach links, während Emma nach rechts eilt, Beide öffnen die Thüren.)

### Hahn.
Fräulein Melusine, bitte einen Augenblick:

### Emma.
Lieber Heinrich — haben Sie die Güte! —

## 8. Scene.

Vorigen. Melusine (von links). Heinrich (von rechts).

### Melusine.
Sie wünschen?

### Heinrich.
Belieben?

### Emma.
Kommen Sie, Heinrich — (faßt ihn an der Hand).

### Hahn.
Hieher Melusine — (führt sie vor).

### Emma.
Sagen Sie jetzt: bin ich Ihre Braut?

### Hahn.
Erklären Sie, bin ich Ihr Bräutigam!

Heinrich und Melusine (treffen in der Mitte zusammen).

Heinrich (ruft).

Melusine!

Melusine.

Heinrich! —

Heinrich.

O, Sie Ungetreue!

Melusine.

O, Sie Falscher!

Heinrich.

Das also hatten Ihre Schwüre zu bedeuten?

Melusine.

Solche Begriffe hatten Sie von Treue?

Emma.

Aber Heinrich!

Hahn.

Aber Melusine!

Heinrich.

Ha, das ist ja ihr Kourmacher! (Auf Hahn weisend.)

Melusine.

Ha, das ist Ihre Flamme! (Auf Emma weisend.)

Heinrich.

Was wollen Sie damit sagen! Ich war treu — ich glaubte an Sie, bis ich Sie endlich entlarvt sah!

Melusine.

Und ich hätt' auf Ihre Treue Häuser gebaut, wenn ich nicht endlich erfahren hätt, daß Sie die Dame da lieben.

Heinrich.

Ach, fällt mir gar nicht ein — ich liebe Emma so wenig als sie mich, und wenn Sie unseren Worten nicht glauben, so soll Ihnen Emmas Freundin die Wahrheit bekräftigen.

Melusine.

Und ich werde Ihnen einen meiner Bekannten vorführen, der Ihnen bezeugen soll, daß ich und Herr Hahn uns ganz gleichgültig sind! (Eilt nach links und ruft.) Herr Schwefelkopf — bitt' seins so gut —

Heinrich (rechts an der Thür).

Frau Lüftel — auf einen Moment! —

## 9. Scene.

Vorigen. Schwefelkopf, Anastasia.

Schwefelkopf.

Was wollen's denn? Ich hab' keine Zeit.

Anastasia.

Sie wünschen, Herr Krempelmaier?

Melusine.

Sagen Sie dem Herrn —

Heinrich.

Versichern Sie der Dame —

Anastasia.

Ha — Schwefelkopf!

Schwefelkopf.

Hu! Anastasia! — (Kurze Pause.)

Anastasia (mit zitternder Stimme).

Sie hier — Herr Schwefelkopf? —

Schwefelkopf (mit bitterem Tone).

Und Sie auch hier? — In einer Spielwaarenhandlung? Haben wahrscheinlich Einkäufe für die zu erwartende Familie gemacht. (Mit komischem Abscheu.) Ah, ist das a Freud!

Anastasia (ängstlich flehend).

Herr Schwefelkopf — ich bitte — blamiren Sie mich nicht! —

Schwefelkopf.

O, ich bin ja nicht mehr Ihr Bräutigam — ein Anderer schwelgt, wo ich glücklich sein sollte! Ah, ist das ein Vergnügen!

Anastasia

Herr Schwefelkopf, bedenken Sie, da Sie im Schuldenarrest und ich verlassen war — was sollte ich Arme thun? Konnte ich denn wissen, daß die Schuldhaft aufgehoben wird! Da kam Lüftel — er hielt später bei meinem Vater in Rötz um meine Hand an. — Ich stand allein —

Schwefelkopf.

No, mein Gott, wärn's denn umg'fall'n, wan's noch a Weil allein stehen blieben wären? Aber nein — sie mußten mich verrathen, und nun sind Sie die Frau eines Lüftels! Ach, ist das eine Seligkeit!

Anastasia.

Aber Schwefelkopf —

Schwefelkopf.

Bitte, keine Vertraulichkeiten, für Sie bin ich von nun an in ganz Europa Herr Schwefelkopf und in der österreichisch-ungarischen Monarchie sogar Herr von Schwefelkopf — und Sie sind für mich die Frau von Lüftel!

Anastasia.

Aber vielleicht kann ich Ihnen mit was dienen. —

Schwefelkopf.

Jetzt nicht mehr und überdies werd' ich nächstens a u c h heiraten!

Anastasia (froh).

Sie heiraten?

Schwefelkopf.

Ja; die Wittwe eines Militärschusters schließt mit mir eine Civilehe!

Anastasia.

Dazu wünsche ich Ihnen aufrichtig Glück!

Schwefelkopf (zornig).

Sie beglückwünscht mich noch!

Anastasia.

Und um Ihnen zu zeigen, welche aufrichtige Theilnahme

ich für Ihr Wohl habe, so biete ich mich Ihnen und Ihrer Zukünftigen als aufopfernde Freundin an, die —

**Schwefelkopf.**

Woll'n's vielleicht gar meine Frau G'vatterin werden — Madame, Sie touchiren mich! (Wendet sich ab.)

**Anastasia** (ihm folgend).

Aber Schwefelkopf, Herr — Herr von Schwefelkopf (sie spricht eindringlich und bittend zu ihm).

**Emma** (die mit Hahn eifrig gesprochen).

Nun, Herr Hahn; Sie behaupten, ich hätte Sie wegen Schulden einsperren lassen und ich schwöre Ihnen, daß ich keine Ahnung von Ihren pekuniären Verhältnissen habe.

**Hahn.**

Dann bin ich einzig und allein das Opfer eines Mannes, der sich aus egoistischem Interesse eine unredliche Handlung zu Schulden kommen ließ.

**Emma.**

Nennen sie den Namen dieses Mannes, der m e i n e n Namen zu einer solchen Schändlichkeit mißbrauchte?

**Hahn.**

Den Namen? (bei Seite.) Ich kann ihr doch nicht — noch dazu im Beisein des S o h n e s — g'rad hinsagen, daß ihr Vormund der schlechte Kerl war! — (Schweigt verlegen.)

**Emma.**

So reden Sie doch!

**Hahn** (verlegen).

Mein Fräulein ich —

**Heinrich** (zu Melusine).

Gut also, wenn Sie behaupten, daß Sie mit Herrn Hahn kein Verhältniß haben, so erklären Sie mir, aus welchem Grunde sind Sie damals vor Schreck ohnmächtig geworden, als Sie mich plötzlich erblickten?

**Melusine** (verwirrt).

Lieber Heinrich — (bei Seite). Ich kann ihm doch nicht — noch dazu im Beisein dieser Frau — (weist auf Anastasia), gestehen, daß ich mit dem Lüftel ein Verhältniß g'habt hab!

#### Heinrich.
So reden Sie doch!

#### Melusine.
Lieber Heinrich — ach!

**Schwefelkopf** (dem Anastasia fortwährend zuredete, ruft abweisend).
Non possumus!

#### Hahn (bittend).
Emma! Ich bitte — lassen Sie mich schweigen. (Kniet vor ihr nieder.)

#### Heinrich.
Melusine — ich bitte — reden Sie — (kniet vor ihr nieder.)

#### Schwefelkopf.
Madame Lüftel, ich bitte, lassen's mich aus! (Kniet vor ihr nieder.)

## 10. Scene.
**Vorige. Frau Hutschenreiter** (durch die Mitte).

#### Fr. Hutschenreiter.
Ja, was ist denn das? Drei Frauenzimmer stehen in meinem Magazin, drei Männer knieen vor den drei Frauenzimmern und darunter ist einer mein Buchhalter!

**Die Männer** (springen auf).

**Die Frauen** (verhüllen sich in äußerster Bestürzung das Gesicht).

#### Hahn.
Die Frau Chefin — verdammt — (laut und verlegen lächelnd). Frau v. Hutschenreiter haben wahrscheinlich was vergessen?

#### Fr. Hutschenreiter.
Nein, aber Sie haben vergessen, daß mein Magazin nicht der Ort ist, wo mein Buchhalter seine G e l i e b t i n n e n zu empfangen hat!

#### Melusine (ärgerlich).
Madame — ich bitt' — attention — ich bin nicht die Geliebte ihres Buchhalters!

#### Anastasia.
Was mich betrifft, ich kenne diesen Herrn gar nicht!

#### Fr. Hutschenreiter (höhnisch zu Emma).
Und Sie, mein Fräulein, sind Sie's vielleicht? No, ganz sicher; vor Ihnen ist er ja auf den Knieen gelegen!

#### Emma (mit innerer Bewegung).
Sie irren, Madame, ich liebe diesen Herrn nicht, habe ihn nie geliebt, werde ihn niemals lieben!

#### Hahn (wüthend für sich).
Jetzt ist's Alles eins! (Laut mit zurückgehaltener Erregung.) Die Dame hat Recht — auch ich liebe sie nicht — ich liebe nur Eine und diese Eine werde ich heiraten, wenn sie mich nicht zurückweist!

#### Fr. Hutschenreiter (rasch).
Reden Sie, welche wollen Sie heiraten? Wie heißt sie?

#### Hahn.
Sie heißt: Rosalia Hutschenreiter.

#### Fr. Hutschenreiter (schreit auf).
Das bin ich! Oh! (Fällt ihm in den Arm.)

#### Emma (bricht in Thränen aus und stützt sich auf Heinrich)

#### Melusine (ruft entsetzt).
Er hat den Verstand verloren!

#### Schwefelkopf.
Ja, und wie's bei der Pferdbahn heißt: Complet!
(Vorhang fällt.)

## Viertes Bild.
### Der Bauer mit'n Geld.
(Zimmer im Gasthofe. Elegantes Ameublement).

### 11. Scene.

#### Regine (von der Seite. Sie ist gekleidet, wie die Töchter von wohlhabenden Landleuten).
Der Vater bleibt aber lange aus, er hat versprochen,

mit mir a höhere Töchterschul' auf z'suchen, wo i Alles das lern', was die Weanamadeln kinnan: Fesch anziag'n — nobel geh'n, steh'n und sitzen (bezeichnet dies Alles mit entsprechenden Gesten), schön reden, anmuathi lächeln, net bis zu die Ohren hintri — wie's sie's auf'n Land machen — französisch parlir'n und kokettir'n — ach, ich g'freu' mi schon narrisch auf das Studium. Mein Schwester hat's net so gut g'habt, die is wild aufg'wachsen — i aber bin in'n Vater sein Herzbünkerl und d'rum laßt er mi ausbilden. Ah, da is er schon!

## 12. Scene.

Vorige. **Tippel** (von der Straße).

### Tippel.

No, grüß' di God, Reginerl! Was treibst denn? (Legt seinen Steirerhut ab und setzt sich.) Ah! bin i aber müad wor'n!

### Regine.

Was i treib? I wart auf a Mannsbild!

### Tippel (steht auf).

Auf a Mannsbild? Untersteh' di! Wer is der kecke Ding?

### Regine.

Der kecke Ding sein Sie — a Mannsbild san's a, und weil's net z'Haus war'n, hab' i auf Ihna g'wart.

### Tippel.

I bin's! (Lacht.) Aha, das is was Anders! I hab' schon g'laubt, Du g'rath'st der Stasi, Deiner Schwester, nach, die hinter mein'n Rucken a Liebschaft ang'fangt hat.

### Regine.

Ja, wann Sie mit'n G'sicht in Rötz san und die Stasi in Wean, da kann's die Sach' do net anderst anstellen!

### Tippel.

Sie hätt' mir früher schreiben sollen: Lieber Vater! morgen oder übermorgen wir i in An'n verliebt wer'n und frag' als g'horsame Tochter an, ob's Dir recht is! Wann

4*

man vom Vatern a Aussteuer verlangt, so muaß man a früher sein' Einwilligung verlangen.

### Regine.

No was, verheirat is's, also reden wir net mehr d'rüber. Was is's denn, Vater, mit der höheren Töchterschul?

### Tippel.

Ja so! No, einkassirt hab' i die ausständigen Posten — 's san 25,000 fl. und bei an'n Kreuzer san's eingangen; da soll mir nomal aner davon reden, daß Weana kein Geld hab'n und ihnari Schulden net zahl'n, dem wir i schon sag'n, daß z'Wean Geld wie Heu hab'n, und daß's sogar in'n Schuldenarrest aufg'hoben hab'n, weil's kani Schulden mehr gibt! Nur der Staat is no a Häuferl schuldig, aber der Herr Finanzminister raast heuer in's Bad und sobald er wieder zu Kräften kommen is, wird er die Kleinigkeit schon begleichen?

### Regine.

Vater, weg'n der höhern Töchterschul möcht' i bitten —

### Tippel.

Ja, ja wir geh'n h e u n t no, denn muring in der Fruah muaß i nach Rötz! Also mach' g'schwind, richt di z'samm!

### Regine.

Gleich bin i firti! (Eilt Seite links ab.)

## 13. Scene.

### Tippel (allein).

Jetzt will i nur g'schwind a wengel mein Geld revidiren! (Setzt sich und zieht eine große Brieftasche hervor.)

## 14. Scene.

### Voriger. Lüftel (sachte durch die Mitte).

Mein Schwiegervater schon z'Haus — er zählt g'rad Geld — das ist der geeignete Moment zum Anpumpen. Ich hab' die Melusine in einem Nähmaschinenlager entdeckt — muß ihr den Wechsel zahlen und außerdem will ich ihr a paar hundert Gulden geb'n, daß sie wieder ein G'schäft anfangen kann — ich muß das thun, damit ich nicht eines Tages ein'n Skandal riskire. (Laut.) Grüß Gott, Herr Schwiegervater!

Tippel (wendet sich um).

Sie sein da? (Für sich.) Merkwürdig, so oft i mein' Brieftaschen außaziag, kummt mein Schwiegersuhn dazu!

Lüftel.

Hab'n gute G'schäften g'macht?

Tippel.

No, so so! S'könnten besser sein!

Lüftel.

Herr Schwiegervater, ich muß Sie um eine kleine Gefälligkeit bitten.

Tippel.

No, so legen's los, aber Sie, lassen's mi net lang leiden!

Lüftel.

Lieber Schwiegervater, Sie haben Ihrer Tochter, meiner Frau ein Kapital sichergestellt, von dessen Interessen wir ganz komod leben können, aber ob Sie jetzt harb werden oder net — Sie müssen mir 1000 fl. vorstrecken.

Tippel.

1000 fl.? Warum und zu was denn?

Lüftel.

G'rad herausg'sagt, ich bin 1000 fl. schuldig — werde gedrängt — kurz, wann ich von meiner nächsten Weinreise z'rückkomm', zahl' ich die 1000 fl.

Tippel.

Sie haben Schulden? O, sie leichtsinniger Mensch, warum haben's mir das net vor der Hochzeit g'sagt?

Lüftel.

G'rad darum, weil ich kein leichtsinniger Mensch bin, denn Sie hätten mir dann Ihre Tochter verweigert, und Ihr Schwiegersohn nicht werden, das wäre furchtbarer Leichtsinn gewesen!

#### Tippel.

Hörn's, Sie reden —

#### Lüftel.

Wie man heutzutag redt — man schneidt net mehr um und geht als Ehrenmann g'rad los auf's Ziel!

#### Tippel.

Das Ziel ist aber mein Brieftaschen und auf die nur so glei d'auf los geh'n, das kummt mir durchaus net so ehrenmännlich vor!

#### Lüftel.

Es wär' Ihnen also lieber, wann Ihr Schwiegersohn in Konkurs käm'?

#### Tippel (erschrocken).

No, jetzt das — reden's aufrichti, san's no mehr schuldig?

#### Lüftel.

Nein!

#### Tippel.

Gut — i will hoffen, daß's mi net anplauschen und Ihnen die 1000 fl. geben! Da hab'ns! (reicht ihm eine Banknote.)

#### Lüftel.

Hier ist der Wechsel! (Gibt ihm den Wechsel.)

#### Tippel (für sich).

Will seh'n, ob er Wort halt! So, abg'macht is die Sach'! Jetzt lieber Schwiegersohn pfirt Ihnen God — i hab' G'schäfte!

#### Lüftel.

O, ich auch — Adieu, Herr Schwiegervater! (Bei Seite.) Jetzt rasch zu Melusinen. (Mitte ab.)

## 15. Scene.

#### Tippel (allein).

25,000 fl. warn's — jetzt san's nur mehr 24,000 fl.

— no macht nix — wann er's braucht, so — was will man denn thun? (Setzt sich wieder zum Rechnen.)

## 15. Scene.

**Voriger. Anastasia** (durch die Mitte).

**Anastasia.**

Der Vater ist da — jetzt riskir ich's — ich will dem armen Schwefelkopf, der doch durch mich unglücklich wurde, eine kleine Entschädigung bieten, daß er wenigstens nicht Noth leiden soll! (Fängt laut zu schluchzen an.) O Gott — o Gott — wann ich nur wußt — wo ich das Portemonnai verloren hab' — o Gott, o Gott!

**Tippel** (wendet sich um).

Die Stasi! No, was wanst denn!

**Anastasia.**

O Vater — lieber Vater — das Unglück!

**Tippel.**

Was gibt's denn für a Unglück.

**Anastasia.**

Stellen's Ihnen vor — mein Mann gibt mir heut' 1000 fl., daß ich eine Schuld für ihn zahl' und ich — ich unglücksel'ges Weib — ich verlier den Tausender.

**Tippel** (erschrocken).

Was? verloren haft'n! den Tausender? den kann er Dir do erst den Augenblick geben hab'n — er hat'n ja grad von mir zum Schuldenzahl'n kriegt?

**Anastasia** (erstaunt).

Wie? Mein Mann hat — o verdammte G'schicht.

**Tippel.**

No so red doch —

**Anastasia.**

Alles eins! (laut.) Ja, g'rad der Tausender war's — ich hab'n verlor'n!

#### Tippel.

O Du leichtsinnig's Ding — no, und hast denn net nachg'schaut? Er muß ja doch wo liegen blieben sein.

#### Anastasia.

Ach Vater — ich fürcht', ihn gar nicht verloren zu haben — ich fürcht', er is mir aus'n (weint) Sack g'schnipst worn!

#### Tippel.

Aber so platz jetzt net, da muß man halt die Anzeige machen!

#### Anastasia.

Ja, aber nachher erfahrt's mein Mann und vor dem will ich net um 100,000 fl. als Weib dastehn, was mit'n Geld net umgehen kann! (Weint.) O God! o God! Vater um Alles in der Welt helfens mir! — Geben's mir ein'n Tausender —

#### Tippel.

No ja, freili — i wir die Tausender nur so verschenken?

#### Anastasia.

Sie haben meinen Mann ein'n geben.

#### Tippel.

Ja, der zahlt den Tausender wieder z'ruck!

#### Anastasia.

Ich zahl ihn auch — ich will mir's vom G'wand — nein, vom Mund absparen und wanns a zwanzig Jahrln warten, so wer'n Sie schon sehen daß — (weint). O Gott — o Gott! ich spring' in's Wasser!

#### Tippel.

No ja, freili — die Tochter von ein Weinhandler wird in's Wasser springen! Hör' auf zum greinen — da hast den Tausender! (Gibt ihr eine Banknote.) Aber daß d' ehrlich z'ruckzahlst! — sonst laß' i Di pfänden! (Lacht.)

#### Anastasia.

O Dank, tausend Dank für die 1000 fl.! Jetzt will ich nur g'schwind geh'n, die Schuld zahlen! Aber Vater, nix sag'n!

#### Tippel.

A belei! I wir zwar die Anzeig machen, aber als wann's mir g'stohl'n wär wor'n! — Jetzt geh' tummel Dich und gib gut Acht, denn ein'n zweiten Tausender gib i net her — warum, weil nachher der zweite der dritte wär'!

#### Anastasia.

Adieu Vater! (Will durch die Mitte ab.)

## 16. Scene.

**Vorige. Emma, Heinrich** (durch die Mitte).

#### Anastasia.

Was seh ich? Fräulein Emma — und der Herr Krempelmaier —

#### Heinrich.

Ja, liebe Frau von Lüftel, wir kommen zu Ihrem Herrn Vater.

#### Anastasia.

Bitt' da is er! Sie entschuldigen, daß ich Sie mit ihm allein laß,' aber ich hab wichtige Geschäfte. Auf Wiedersehen, theure Freundin! (Eilt ab durch die Mitte.)

## 17. Scene.

**Vorige ohne Anastasia.**

#### Tippel (sehr höflich).

Fräulein Emma — junger Krempelmaier — Kinder setzt's enk! — Also was steht zu Diensten?

#### Heinrich.

Gleich, Herr von Tippel! (Leise zu Emma.) Es bleibt also dabei!

#### Emma (leise).

Ja, da Sie mir berichtet haben, daß Sie den Gläubiger kennen, der den armen Hahn zu Grunde richtete, so werde ich Ihnen die Summe übergeben, daß Sie Hahn von seiner Schuld befreien, es sei dies meine einzige Rache an dem Ungetreuen! —

### Heinrich.

Lieber Herr von Tippel, Fräulein Emma Blum, die Mündel meines Vaters, hat eine Bitte an Sie!

### Tippel.

Nur heraus — wenn ich was dienen kann — recht gern.

### Heinrich.

Sie wissen, daß das Fräulein ein Vermögen von 70,000 fl. besitzt, welches —

### Tippel.

Ihr Vater, mein alter Freund, verwaltet, weiß Alles!

### Heinrich.

Daher bittet Sie das Fräulein, ihr gegen diesen Schuldschein, zahlbar bei ihrer Großjährigkeit, 2000 fl. vorzustrecken. (Reicht ihm eine Schrift.)

### Tippel.

Was? Die Fräul'n will Schulden machen? Ah!

### Emma.

Ich muß — fragen Sie nicht weßhalb? Ich bin unvorsichtig gewesen — aber für die Zukunft gewitzigt. Entziehen Sie mir Ihre Hilfe nicht.

### Tippel.

Ja — was — wird dann aber der Vormund dazu sagen!

### Emma.

Der darf nichts wissen — geben Sie mir Ihr Wort, ihm nichts zu sagen!

### Tippel (schweigt verlegen).

### Heinrich.

Ganz ohne Umstände, bester Herr von Tippel, wenn Sie nicht geneigt sind, die Bitte des Fräuleins zu erfüllen, so wird sie sich nicht an meinen Vater wenden, sondern wir werden das Geld zu großen Zinsen schaffen.

### Tippel.

Und ein'n Blutsauger in die Hände fallen! Das darf

net g'scheg'n, geben's mir die Verschreibung! — So! (Nimm die Schrift.) Da sein die 2000 fl.! (Gibt Heinrich das Geld.)

**Emma.**

Ich danke Ihnen.

**Tippel.**

Net nothwendi, nur An's möcht i mir ausbitten!

**Emma.**

Nun?

**Tippel.**

Ich geb' Ihnen mein Wort, nix ausz'plauschen, wann Sie mir Ihner Wort geben, um kein Preis der Welt jemals wieder Schulden z'machen.

**Emma.**

Wort und Hand! (Reicht ihm die Hand.)

**Tippel.**

So is's recht!

**Emma.**

Nun leben Sie wohl, bester Herr von Tippel. Kommen Sie, Heinrich — nur rasch!

**Tippel** (hält Heinrich auf).

Junger Krempelmaier, jetzt aber sagen's mir, wie kummt's denn, daß die Fräul'n —

**Heinrich.**

2000 fl. braucht? Ja, wann ich Ihnen das sage, so staunen Sie!

**Tippel.**

Ah, gehn's —

**Heinrich** (lachend).

Aber ich sag's nicht. Leben Sie wohl, Herr von Tippel! (Folgt Emma. Beide durch die Mitte ab.)

## 18. Scene.

**Tippel** (allein, ärgerlich).

Dummer Ding, z'erst macht er mir die Zähnd lang

und nachher fahrt er a! (Geht zum Geld und zählt.) Sein richtig nur mehr 21,000 fl. Jetzt glaub' i schon nimmer so recht, daß's in Wien keine Schulden gibt — no, mein Schwiegersohn, meine Tochter — die Mündel — das sein junge Leut, die hab'n zu allen Zeiten Geldg'schichten, aber die alten Weaner, die Männer vom Grund, die Hausg'sess'nen, die kennen solche Manklereien net!

### Krempelmaier (von Außen).

Zu Haus — Herr Tippel — von Rötz — ja?

### Tippel.

Ah, mein Spezi — der Krempelmaier! (Geht gegen die Mitte.)

## 19. Scene.

### Vorige. Krempelmaier.

### Tippel.

Servus! (Scheint sehr verlegen.) Grüß' di Gott, Spezi, is mir grad' recht, daß d'kummst, i fahr' muring nach Rötz!

### Krempelmaier.

Morgen? (Für sich) Gott sei Dank — g'rad' erwisch ich 'n noch! —

### Tippel.

Mein lieber, alter Freund (schüttelt ihm die Hand) g'rad' hab' ich so simulirt und mir denkt, daß die alten Weana do viel mehr werth waren, als die jungen Leut' von heut zu Tag'!

### Krempelmaier.

Ah, das will ich glauben — was waren das für Kampeln — san's eigentli no — fidele Leut' — leben und leben lassen war Wahlspruch — ja, die heutige Jugend —

### Tippel.

I erinner' mi no mit Vergnügen aus der Zeit, wie i in Wean no als Hausknecht im Weing'schäft praktizirt hab', an so Manchen von dazumals! Da war der Großhandler Maxinger ein gewichtiger Mann.

### Krempelmaier.

Der hat dreimal fallirt und 's viertemal is er g'storben!

Tippel.

Hör' auf — schad' um den Mann! Nachher war der Kassabeamte Redlicher die Akuratesse und Pünktlichkeit selber — er hat so schöne weiße Haar' g'habt —

Krempelmaier.

Die hat er sich schwarz g'färbt und is mit 200,000 Gulden nach Amerika durchbrennt!

Tippel (perplex).

Der Redlicher? Hör' auf! das is aber — nachher fallt mir der klani Fidelius ein, Doktor der Rechte — er hat die Kinder so gern g'habt — war Vormund von viel'n Waisen —

Krempelmaier.

Der hat Waisengelder veruntreut, Urkunden g'fälscht und sitzt, zu fünfzehn Jahr' verurtheilt!

Tippel.

Net möglich — so a rarer Mann und sich so vergeh'n — dem hätte man so was gar net ang'seh'n!

Krempelmaier.

Ja, wann man ihm das ang'seh'n hätt', hätt' man ihm auch net das Vertrauen g'schenkt!

Tippel.

Er war a guater Freund von dem reichen Bauunternehmer Staanhuber, was is denn mit 'n Staanhuber?

Krempelmaier.

Der hat sein Weib, seine Schwiegereltern, die Frau Tant', in Firmgöden von die Kinder, nachher die zehn Kinder, 's Kindsmadel, die Köchin mit ihr'n Liebhaber, der G'freiter bei ein' Infanterie-Regiment war —

Tippel.

No, was hat er denn? —

Krempelmaier.

Die Parteien vom ersten Stock und 'n Hausmaster sammt der Hausmasterin mit Chankali vergiftet und sich hat er mit einer Windbüchsen erschossen!

Tippel.

Der Staanhuber? Der ausgezeichnete Mann — mi trifft der Schlag! (Setzt sich.)

**Krempelmaier.**

Ja, das war'n rare Leut' — hast den Hofrath Sachs kennt, der hat a Messer g'nommen —

**Tippel** (springt auf).

I bitt' Dich, hör' auf — i will nix mehr hören — reden wir von was Andern! —

**Krempelmaier** (angeregt).

Ja, von was Andern — Freund Tippel, Du kennst mich als einen braven Mann —

**Tippel.**

Ja, bist a Aner aus der alten Zeit!

**Krempelmaier.**

Ich hab' mein Lebtag fleißig g'arbeit', war Tag und Nacht beim G'schäft und hab' mir a was erübrigt. Aber die Zeiten sein schlecht — mein Etablissement verreg'nt 's mir alle Augenblick, und obwohl ich sehr viel hohe Freund' und Gönner aus den besten Ständen hab', Barone, Grafen ɾc., so hab' ich doch zu Niemanden das Vertrauen zu beweisen, bitt' ich Dich, leih' mir 12,000 Gulden —

**Tippel** (der schon während der Rede zu zittern anfing, setzt sich und will sprechen, kann aber nicht).

**Krempelmaier.**

Tippel — Freund — was hast denn?

**Tippel** (nach Athem schnappend).

Nix — nix — 's hat mir nur — d'Red' verschlag'n!

**Krempelmaier.**

No, so geh' — soll i Dir 'n Buckel klopfen?

**Tippel** (springt auf).

Is net nothwendig. Ja, was glaubt's denn ös a so? Glaubt's ös, i hab' mein' Geld g'stohl'n, daß's mi nur so glei anpumpts!

**Krempelmaier**

Ja, wer sein denn die Ös — bin das ich allein?

**Tippel.**

Das geht Dich nix an! — Wie kummt's ös mir denn vor? Holt's enk halt an Tausender um den andern, der Tippel hat's ja für Enk?

#### Krempelmaier.

Wer sein denn die Enk?

#### Tippel.

Das geht Dich nix an! Ös müaßt's rein glaub'n — i bin der Bauer mit'n Geld, der's nur dazu hat, daß er Enkeri Schulden zahlt! —

#### Krempelmaier.

Wer sein denn die enkeri?

#### Tippel.

Das geht di nix an, hab' i g'sagt, und so viel sag' i Dir no dazua: daß i kan Kreuzer hergib, viel weniger 12,000 Gulden!

#### Krempelmaier.

Aber, lieber Freund, da schau' her (zieht Schriften hervor), da sein die Dokumente. Du krigst den ersten Satz auf's Etablissement, da ist der Ausweis was mein G'schäft tragt, und das die Berechnung, was 's in Zukunft abwerfen wird, das Doppelte, vielleicht das Dreifache — ich laß' eine neue Singspielhalle bauen und engagire blos Madeln, die Männerrollen spielen — nachher wird alle Tag' a Feuerwerk abbrennt — steh' bereits in Unterhandlung mit einem geschickten Pyrotechniker — 's Schützenfest is auch in Aussicht, dann hab' ich neue Vereine ang'sagt: da ist der Verein für Nichtrespektirung magistratischer Anordnungen, der Verein für Mitbringung von Hunden in Gasthauslokale — der Verein der Schreimauleten —

#### Tippel.

Hör' auf, sag' ich: ich laß' mich in nix ein! Wannst Geld brauchst, warum gehst denn net zu Deine Gönner zu die Barone, Grafen und et ceteras?

#### Krempelmaier.

Warum? Weil die Grafen, Barone und et ceteras selber kan Geld, aber Schulden haben! Geh', ich bitt' Dich, Freund; sei net hartherzig, laß' mich net sitzen — ich bin verloren — mein ehrlicher Nam', meine Reputation —

#### Tippel.

Was ehrlicher Nam' — Reputation — wann man so schlecht wirthschaft — daß man herunterkommt und mit Anderer Leut' Geld ausgleichen will — nachher steht der ehrliche Nam' g'rad' auf so schlechte Füß', als wie die Reputation.

**Krempelmaier.**

Freund — Du bist mein Freund net mehr, wann Du mir net hilfst! —

**Tippel.**

Guat; wann Deine Freundschaft nur für's Geld z'haben ist, so brauch' ich sie net mehr!

**Krempelmaier.**

Ich bring' mich um — wann —

**Tippel.**

Thu's, mach's wie die andern raren Leut' von ehmals, die die wahrhaft gute Zeit, wo der Mensch leicht hat zu was kumma kina, so schlecht ang'wendt hab'. Um solche Leut' is ka Schad! —

**Krempelmaier.**

Du gibst also nix her?

**Tippel.**

Na!

**Krempelmaier.**

Ist das Dein letztes Wort!

**Tippel.**

Mein letztes!

**Krempelmaier** (tragisch).

So leb' wohl, auf Nimmerwiederseh'n! (Stürzt durch die Mitte ab.)

**Tippel.**

Hol' Dich der Teufel.

## Fünftes Bild:
### Tanzvergnügen mit Hindernissen.

(Ein Tanzsalon, an den Seiten einige Fauteuils. Links und rechts Thüren, in der Mitte ein Eingang, welcher, mit Gardinen versehen, nach einem zweiten Salon zu führen scheint. Zu beiden Seiten des Einganges Blumenständer, rechts in der Ecke ein Piano, auf welchem ein junger Mann spielt.)

## 20. Scene.

(Herren und Damen tanzen die letzte Figur einer Quadrille. Poldl an der Spitze. Schwefelkopf in der Mitte, kommandirend. Nach dem Tanze applaudiren Alle.)

### Poldl.

Herr Schwefelkopf, Ihre Tanzmethode ist ausgezeichnet! Nicht wahr, Mausi? (Er kneipt einer dicken Tänzerin in die Wange.)

### Tänzerin.

No genirn's Ihnen, Sie dalketer Bua!

(Alle lachen.)

### Poldl.

Bitte, meine Herrschaften, lachen's nach Belieben, mich touchirt das nicht, denn es hat noch keinen berühmten Mann gegeben, der net einmal — g'rad' so wie ich (stolz) Bua war!

### Schwefelkopf.

Jetzt, meine Damen, machen wir a bissel Pause. Ich erwart' noch Gäste. Sie können sich einstweilen dort in das Speiseappartement begeben (weist nach rechts) und Ihr Mitgebrachtes verzehren.

### Alle.

Ja, thun wir das! (Die Herren führen die Damen ab.)

### Poldl.

Schönes Kind — ich hätt' a halb's Brathendel, wenn Sie mithalten wollen, das Flügerl steht zu Diensten. (Reicht ihr den Arm.)

### Das Mädl.

Mein Herr, ich nehme Ihre Einladung an! — (Hängt sich ein.)

### Poldl (neben ihr herschwenzelnd.)

Sie machen mich zum Glücklichsten unter dem Kronleuchter. (Ab mit ihr nach rechts.)

## 21. Scene.

**Schwefelkopf. Hausmeister** (durch die Mitte).

### Hausmeister.

Sie, Herr Tanzmasta, die Vorsteherin von der höhern

Töchterschul', die ober Ihnen logirt, laßt bitten, Sie möchten net gar so viel musiziren!

### Schwefelkopf.

Was geht der Vorsteherin einer höhern Töchterschul' mein' Tanzschul' an? Glaubt sie, ich soll wegen ihr die Tanzmusik mit die Daam schnalzen?

### Hausmeister.

No, no; es handelt sich darum, daß der Klavierspieler das Klavier net für a türkische Trommel anschaut und zum Schrecken der ganzen Nachbarschaft in anfort d'reinhaut! —

### Schwefelkopf.

Das thut mein Klavierspieler, der a bescheidener Mann und Familienvater is, nicht, aber die Schülerinnen von der Töchterschul thun's, die scheinen's Klavier für a türkische Trummel zu halten, wann sie ihre Abschiede von Ischl, ihre Souvenirs de Gaguan, ihre Grüße pour Strockerau kompagnieweis zu üben anfangen, sagen Sie das der alten Vorsteherknauschen, verstanden Herr Hausmaster! Ah, hab' die Ehre! (Wendet sich gegen Hahn und Melusine, welche durch die Mitte eintreten — Hausmeister ab.)

### 22. Scene.

Vorigen. Hahn. Melusine.

### Hahn (sehr lustig).

Servus, alt's Haus, no wie is's? Geht's fidel zu bei Ihnen! —

### Schwefelkopf.

Fidel, frisch, fromm, fröhlich frei und obendrein auch noch pickfein!

### Hahn.

Das ist g'scheidt, ich will mich heut' amal recht unterhalten, damit ich auf lange Zeit hinaus versorgt bin!

### Melusine.

No, wann's Ihre alte Prinzipalin wirklich heiraten, nachher sein's ohnehin versorgt.

### Schwefelkopf.

Mir scheint, der Herr von Hahn macht's wie die ausg'ſetzten Delinquenten, die ſich vorher noch einmal gehörig anbudeln, bevor ſie den Weg in's unbekannte Jenſeits einſchlagen!

### Hahn.

Denkt's was wollt's — ich will mich unterhalten! Herr Tanzmeiſter, wo ſein die Madeln?

### Schwefelkopf.

Sie ſitzen im Speiſeappartement und nachtmalen Schunken, Backhendeln — böhmiſche Wa!,t ln, Pomerantſchen, kurz ſie delektiren ſich ungemein! —

### Hahn.

Hier haben Sie 25 Gulden, laſſen Sie Champagner holen, ich traktir' Alles; wann's Geld vertrunken is, können's noch 25 Gulden und mehr auch noch haben!

### Schwefelkopf.

Champagner in meinem Salon — bei mir wer'n Stoppeln knallen und Kelchgläſer klingen — das ist großartig — da laß ich extra a paar Dutzend Schwärmer aus meinem Laboratorium los.

### Meluſine.

Nix da — das iſt zu g'fährlich!

### Schwefelkopf.

Gut, ſo machen's wenigſtens recht feurige Augen auf die verſammelte Mannsbilderwelt! —

### Hahn.

No, jetzt tummeln's Ihnen — ſchaun's, daß der Champagner kommt.

### Schwefelkopf.

Gleich ſoll er da ſein. Aber wen ſchick' ich denn um — (Zum Klavierſpieler.) Sie lieber Herr Klobuſchitzky, jetzt is ohnehin Pauſe, gehn's, ſein's ſo gut — (Deutet ihm an, gibt ihm Geld und geht mit ihm ab.)

### Meluſine.

Den Klavierſpieler ſchickt er um den Wein! — Aber Herr Tanzmeiſter!

### Hahn.

Laſſen Sie ihn, kümmern wir uns nicht um ſeine Arrangements! Kommen's, geh'n wir zu den Madeln!

5*

#### Melusine.
Was kümmern denn mich Ihre Madeln? I mag net!
#### Hahn.
Sie lassen mich also allein?
#### Melusine.
No natürlich, ich wär' Ihnen ja ohnedem im Weg bei die Madeln! —
#### Hahn.
Gut; ich gehe, aber hier treffe ich Sie doch wieder?
#### Melusine.
Wann Ihnen die Madeln heut' noch auslassen, ganz gewiß!
#### Hahn.
Also, auf Wiederseh'n! (Ab nach rechts.)

### 23. Scene.
#### Melusine (allein).
Armer Teufel, er will sich zerstreuen, seinen Kummer vergessen. Wann jetzt so die Emma dazu käm' und ihn mitten unter ein'm Haufen Madeln säh', würde sie wohl glauben, daß er nur aus Liebe zu ihr den Madeln schön thut?

### 24. Scene.
#### Vorige. Heinrich (durch die Mitte).
#### Heinrich.
In Hahn's Wohnung sagte man, er sei hier bei seinem Freunde Schwefelkopf zu treffen — (blickt umher) aber — (Erblickt Melusine.) Wen seh' ich?
#### Melusine (ihn erblickend).
Himmel, mein sanfter Heinrich!
#### Heinrich.
Melusine, Sie hier? Und schon wieder in Herrn Hahn's unmittelbarer Nähe?
#### Melusine.
Sie müssen aber a überall dabei sein!

### Heinrich (bitter).

Beruhigen Sie sich; ich bin blos hier, um Geschäftliches mit Herrn Hahn abzumachen, dann will ich nicht länger stören! —

### Melusine (im Aerger).

Mich stören Sie durchaus nicht — und wenn Sie überhaupt ein Kourmacher wären, wie er im Büchel steht, so würden Sie dableiben und mich behandeln wie eine Person, die man liebt und ehrt.

### Heinrich (spöttisch).

Ehrt? Das —

### Melusine (zornig).

Herr Krempelmaier, menagir'n Sie sich; ich bin nicht gewohnt, mich beschimpfen zu lassen. Daß ich Hahn's Geliebte nicht bin, habe ich Ihnen bereits unzählige Male versichert, wann Sie es aber noch immer nicht glauben wollen — so — (schluchzt) lassen Sie's bleiben!

### Heinrich.

Melusine, ich —

### Melusine.

Bitt' — keine Auseinandersetzungen; dort d'rin (weist nach rechts) finden Sie Herrn Hahn. Ihre Dienerin! —

### Heinrich.

Melu—

### Melusine (mit dem Fuße stampfend).

Gehn's — ich hör' Sie jetzt nicht an! (Wendet sich ab).

### Heinrich (wird auch zornig, überlegt einen Moment, dann ruft er).

Gut, ich gehe, mein Fräulein, aber verlassen Sie sich darauf — ich komm' wieder! (Stürzt rechts ab.)

## 25. Scene.

### Melusine (allein).

Es ist zu schändlich, was der Mensch treibt! So lang' ich eing'sperrt war, hab' ich frei und offen mit ihm sein können, und jetzt, wo ich frei bin, gibt's jed'smal ein' Verdruß; o, ich wollte — (Geht ärgerlich auf und ab.)

## 26. Scene.

**Vorigen. Lüftel** (durch die Mitte).

**Lüftel.**

Ich hab' ausg'forscht, daß Melusine hier — ah, da ist sie ja — und g'rad' ganz allein — jetzt nur rasch die Sache planiren. (Eilt auf sie zu). Melusine —

**Melusine** (betroffen).

Der Lüftel! —

**Lüftel.**

Mein Fräulein, Sie suche ich! Ohne mich in unnöthige Erklärungen einzulassen und Ihnen damit lästig zu fallen, sage ich Ihnen kurzweg, ich bin hier, um Ihre Verzeihung zu erbitten und —

**Melusine.**

Meine Verzeihung? Wegen was? Weil Sie eine And're g'heirat' hab'n, Herr Lüftel? — Ich glaub', daß ich nur das unverzeihlich g'funden hätt', wann Sie mich g'heiratet haben würden.

**Lüftel.**

Sie sind pikirt — aber auch noch immer pikant, wie einst! —

**Melusine.**

Mir scheint gar, Sie hätten Lust mir auch jetzt noch Flatusen vorzumachen — das paßt mir aber nicht, d'rum ganz kurz, was is 's mit'n Wechsel, wegen welchem Sie mich hab'n zweimal sitzen lassen?

**Lüftel.**

Ich bin hier diesen Wechsel einzulösen! Hier der Betrag! (Nimmt Geld aus der Tasche.)

**Melusine.**

No, endlich einmal machen Sie einen reellen Mann. (Nimmt das Geld.)

**Lüftel.**

Und ferner bitte ich Sie, da Sie doch durch meinen Leichtsinn um Ihr Geschäft gekommen sind, diese 600 Gulden als Entschädigung —

Melusine.

Herr Lüftel, was fällt Ihnen denn ein? (Für sich.) Er ist doch nicht so schlecht, als ich glaubt hab'. (Laut.) Herr Lüftel — in Betreff der 600 Gulden —

Lüftel (der immer nach allen Seiten spähte, ruft plötzlich, nach der Mitte blickend).

Himmel, da kommt meine Frau!

Melusine.

Ihre Frau?

Lüftel.

Ich kann mich hier nicht verbergen — Sie erlauben wohl — (Er versteckt sich hinter Melusine.)

Melusine.

Was thun's denn?

Lüftel.

Noth kennt kein Gebot! Verrathen Sie mich nicht! Ich bitte!

## 27. Scene.

Vorigen. Anastasia (durch die Mitte).

Anastasia (eilig eintretend).

Ah, da seh' ich ein bekanntes Gesicht! Liebes Fräulein, ich wünsche Herrn Schwefelkopf einen Augenblick zu sprechen, und —

Melusine.

Das ist heut' ganz unmöglich — wollten Sie nicht vielleicht morgen —

Anastasia.

Ach, wie fatal — heute habe ich einen günstigen Augenblick gefunden, dagegen kann morgen — ah, da kommt ja Herr Schwefelkopf!

## 28. Scene.

Vorigen. Schwefelkopf (durch die Mitte mit dem Klavierspieler, der zwei Flaschenkörbe Champagner trägt).

#### Schwefelkopf.

Tragen's die Flaschen nur zur G'sellschaft, lieber Klobuschitzky. (Klavierspieler rechts ab.) Na, heut' wird's einmal fidel zu— (Erblickt Anastasia.) Schon wieder die Anastasia? Was hat denn das Weib? Zuerst verlaßt Sie mich und jetzt rennt's mir nach!

#### Anastasia.

Herr Schwefelkopf, verzeihn's, daß ich Sie belästige, aber ich bin in Ihrer Schuld und darum habe ich Sie aufgesucht.

#### Lüftel.

Das ist ja der Fremde, der beim Hochzeitsfest —

#### Schwefelkopf.

Frau von Lüftel, derangiren Sie sich in Zukunft nicht mehr, ein Anderer ist Ihr Gatte, ich kann Ihnen nichts **mehr sein!**

#### Anastasia.

Sie irren, Herr Schwefelkopf, nicht vielleicht ein Rest von Liebe treibt mich zu Ihnen —

#### Schwefelkopf.

O, zu gütig!

#### Anastasia.

Sondern der Wunsch, Ihnen eine kleine Entschädigung für mein Zurücktreten zu bieten! Hier sind 1000 Gulden — (reicht ihm ein kleines Portefeuille) nehmen Sie dieselben als Stammkapital zu Ihren künftigen Unternehmungen.

#### Lüftel.

Die macht's ganz wie ich — o, Schändliche!

#### Melusine (zu Lüftel).

Wern's still sein — oder ich mach' einen großen Schritt und —

#### Schwefelkopf (der immer abgewehrt hat).

Madame, die Liebe laßt sich ein Schwefelkopf nicht abschachern, und wann ich mich als Tanzmeister z'todt hupfen müßt, um meinen Unterhalt zu gewinnen — Ihr Geld nehm' ich nun durchaus nicht!

#### Anastasia.
Aber, Herr Schwefelkopf — (Sie redet mit ihm.)

#### Melusine (zu Lüftel).
Hab'ns g'hört? Er nimmt das Geld net, und darum nehm' ich Ihr Geld a net, stecken's nur wieder Ihre 600 Gulden ein!

#### Schwefelkopf.
Nein — nein — nein, und jetzt, Madame, lassen Sie ab von mir — ich hab' keine Zeit und keine Lust — da kommen auch neue Gäst' —

(Tippel und Regina erscheinen im Mitteleingang).

#### Anastasia (entsetzt).
Himmel, mein Vater und meine Schwester!

#### Lüftel.
Teufel, mein Schwiegervater sammt Schwägerin!

#### Anastasia (sich hinter Schwefelkopf flüchtend).
Um Alles in der Welt, verbergen Sie mich! (Hält ihn am Frackschößel fest.)

#### Schwefelkopf.
Aber was treiben's denn?

#### Lüftel.
Itzt geh' ich nicht um eine Million hervor.

#### Schwefelkopf.
Das ist aber doch —

### 29. Scene.

Vorige. Tippel, Regine.

#### Tippel (vorkommend).
Also da wären wir in der höheren Töchterschule! (Zu Melusine.) Sie, meine Gnädige, san Sö die Vorsteherin von der Schul'?

#### Melusine.
Nein — bitte — dort steht der Vorstand (weist auf Schwefelkopf).

**Tippel** (sich zu Schwefelkopf wendend).

Also muß ich mit Ihnen handeln?

**Schwefelkopf.**

Is net nöthig — bitt, nur mit der Dame zu reden! (Weist auf Melusine.)

**Tippel.**

Mit der dort? Ja, aber — (geht wieder zu Melusine). Also müssen doch wir zwei —

**Melusine.**

Durchaus net nöthig — der Herr dort kann Ihnen am besten dienen! —

**Tippel.**

Ja, zum Teuxel, wem von Ihnen g'hört denn die höhere Töchterschul'?

**Schwefelkopf.**

Höhere Töchterschul', die ist ja im zweiten Stock!

**Melusine.**

Freilich, hier ist eine Tanzschul!

**Tippel.**

A Tanzschul? (rasch und erschrocken.) Himmel Seiten. Komm' Reginerl! —

**Regine** (die schon immer neugierig hinter Schwefelkopf blickte ruft jetzt).

Vater, da is die Stasi!

**Tippel** (verwundert).

Die Stasi? — Ja, was machst denn Du da?

**Anastasia** (welche sich nicht mehr verbergen konnte. In äußerster Verwirrung).

Lieber Vater — ich bin da — bin da — weil —

**Schwefelkopf.**

Das is a schöne G'schicht! —

**Melusine.**

Muß der Armen beistehen (laut). Die Frau von Lüftel ist da, weil ihr Mann auch da ist! (Zeigt auf Lüftel.)

Lüftel.

O Schlange!

Tippel. Der Herr Schwiegersohn!

Regine. Der Schwager!

Anastasia. Mein Gatte!

Schwefelkopf.

Jetzt is der a da! —

Lüftel (der sich faßt, mit leichtem Tone).

Ja, Herr Schwiegervater, ich und meine Frau sind hiehergekommen, um ein wenig zu tanzen! Nun Herr Schwefelkopf, wann geht denn der Tanz an?

Schwefelkopf.

Er is schon angangen und —

## 30. Scene.

Vorigen. Hahn mit Heinrich (es folgen die übrigen Gäste sammt Poldl).

Hahn (mit einem Champagnerglas in der Hand sehr aufgeräumt).

Mein lieber Herr Krempelmaier, behalten Sie nur die Wechsel und sagen Sie, der Hahn hat Schulden, aber blos darum, weil er ein Ehrenmann ist und er wird seine Schulden selber bezahlen, weil er ein Ehrenmann bleiben will, so lang ihm Gott's Leben schenkt! So, das bitt' ich auszurichten, pfirt Ihnen Gott!

Heinrich (wendet sich zu Melusine).

Melusine —

Hahn (tritt dazwischen).

Bitte, für heut' g'hört die Melusine mein, fragen's Ihnen morgen an. —

Heinrich.

Nun denn, viel Vergnügen allerseits (geht wüthend Mitte ab).

Hahn.

Nicht harb sein, Melusinerl, aber heut is mein letzter

fideler Tag! da ist Champagner, stoßen's mir mit an, trinken's, singen's und tanzen's mit mir! (Reicht ihr ein Glas.)

### Melusine.

No weg'n meiner geb'ns her, Sie schwermüthiger Ritter! —

### Schwefelkopf.

Meine Herrschaften bitte anzutreten: Schnellpolka! —
(Die Paare treten an, Poldl mitten unter ihnen.)

### Lüftel (zu Anastasia pikirt).

Liebe Frau — Du tanzest doch mit mir?

### Anastasia (auch pikirt).

O, recht gern, lieber Mann,

### Regine.

Vater, i muaß a mittanzen. Kummens her da! (Zieht ihn zu den Tänzern.)

### Tippel.

Aber Madel, was fallt Dir denn ein?

### Schwefelkopf (klatsch in die Hände). A place Herren und Damen!

### Hahn, Melusine und Schwefelkopf (singen).

1.

Laß' die Gläser klingen,
Laßt beim Tanz uns schwingen,
Bannt für heut' die Sorgen
Und denkt nicht an's Morgen!
Echte Wienerfrüchteln,
Mit die harben G'sichteln,
Müssen Hetzen machen,
Müssen tanzen, lachen!
Tralala — tralala —
(Alle tanzen Schnellpolka.)

2.

Manchen hört man klagen
Laut in unsern Tagen;
"Ach, die Wienerkinder,
Das sein große Sünder!

Essen thuns und trinken,
Singen wie die Finken,
Und bei ihrem Tanzen
Geh'n die Schuh' auf Franzen!"
Tralala — tralala —
Tanz.

3.

Doch wir lassen Jeden,
Wie's ihn g'freut, halt reden,
Wann wir jubiliren
Kann's uns net geniren
Sag'n: ös Zwiderwurzen,
Mit'n Verstand mit'n kurzen,
Thäten Ernst wir machen,
Des hätt's nix mehr z'lachen!
Tralala — tralala —

(Unter Tanz, Juhzerufen nnd größter Heiterkeit fällt der Vorhang.)

Ende des zweiten Aktes.

# Dritter Akt.
## Sechstes Bild.

Ein Gast beim Schützenfeste.

(Zimmer bei Krempelmaier.)

### 1. Scene.

**Krempelmaier** (unruhig auf- und abschreitend).

Großartige Aufregung — fieberhafte Spannung — auflodernde Begeisterung, das sind die Regungen, die seit Beginn des Schützenfestes ganz Wien empfindet, seit drei Tagen aber ich extra allein auch noch, weil ich heut' selber ein Schützenfest in meinen eigens hiezu glänzend ausgestatteten Gartenlokalitäten veranstalte. Heut' runir' ich den Schwender, die Gartenbaugesellschaft und den Volksgarten mitsammt der Familie Corti, denn was heut' mein Etablissement bietet, hat die Welt noch niemals erlebt. O, es wird ein außerordentliches Fest, das Fest aller Feste werden. Wo nur mein Arrangeur bleibt!

### 2. Scene.

Vorige. **Poldl** (durch die Mitte).

**Poldl** (sehr echauffirt).

Herr von Krempel—maier!

**Krempelmaier.**

Der Poldl! No, was gibt's?

**Poldl.**

Herr von Krempelmaier, der Strauß will net spielen!

Krempelmaier.

Der Strauß? Mit dem hab' ich ja gar nicht abgeschlossen.

Poldl.

Wollt' sagen, der Drahanek. Er sagt, daß er am heutigen Abend bei uns deßwegen net spielen kann, weil er ohnehin schon in neun Lokalen persönlich dirigirt; darauf hab' ich ihn g'fragt, weil Sie's g'schafft haben: Herr von Drahanek: Was ist des Deutschen Vaterland? Da hat er g'lacht und g'sagt: Ich woaß net — aber gehn's zum Kapellmeister Swoboda — der wird's wissen.

Krempelmaier.

Esel, ich hab' g'sagt, er soll: „Was ist das deutsche Vaterland!" spielen, und nicht — wann er aber eh net kommt, so muß überhaupt wer Anderer — wann nur der Arrangeur käm' — Poldl, haft den Schwefelkopf net g'seh'n?

Poldl.

Er ist draußen im Garten und stellt den Gabentempel auf.

Krempelmaier.

Sag', ich laß' bitten — er soll zu mir kommen!

Poldl (läuft ab).

Krempelmaier.

Dieses Fest ist meine letzte Hoffnung, und wann mich das net 'rausreißt, so muß ich Konkurs ansagen und dann bin ich verloren, denn das Geld, was ich bereits vom Vermögen meiner Mündel g'nommen hab', kann ich nicht ersetzen — hab' mich also auch noch wegen Veruntreuung zu verantworten!

## 3. Scene.

Vorige. Emma (durch die Mitte).

Emma (in großer Bewegung eintretend).

Herr Vormund! — Herr Vormund! — Was haben Sie gethan — und wie hab'n Sie so was thun können?

Krempelmaier (für sich).

Himmel, mein Mündel — die wird doch nicht wissen?

#### Emma.

Herr Vormund! Ihr Advokat hat mir gesagt, daß Sie vor einem Jahre in meinem Namen die gerichtlichen Schritte gegen Hahn einleiteten. Sie haben also meinen Namen mißbraucht, meine Ehre geschändet, und nun frage ich Sie: Darf mein Vormund ein solches Verbrechen begehen?

#### Krempelmaier (drohend).

Und ich frage, schickt sich der Ton von einer Mündel vor ihrem Vormund, der Vaterstelle bei ihr vertritt?

#### Emma.

Ja, mein Advokat hat mir gesagt, daß ich gegen Sie auftreten soll!

#### Krempelmaier (erschrocken).

Dein Advokat? Du hast also einen Advokaten? Was ist das für Einer?

#### Emma.

Das ist ein Mann, dessen Lebensglück Sie vernichteten, und mit seinem auch das meine.

#### Krempelmaier.

Also dieser Hahn ist Dein Advokat? Oho, liebe Mündel, die Freigebung der Advokatur ist noch nicht so weit gediehen, daß man abgewirthschaftete Leinwäschhändler zu Advokaten macht.

#### Emma.

O, sprechen Sie nicht in solchem Tone von einem Manne, der fremde Verpflichtungen übernahm, um die Ehre seines Familiennamens zu wahren, dem auch meine Ehre so sehr am Herzen liegt, daß er heute Morgen zu mir kam und mich beschwor, ich möchte mich doch nicht zu dem Schwindel hergeben, den Sie bei Ihrem heutigen Feste beabsichtigen und für welchen Sie meine Unerfahrenheit mißbrauchend, mich beredeten, dabei mitzuwirken.

#### Krempelmaier.

Daß ich beim Feste eine Frau mit 70,000 fl. ausschießen laß', ist kein Schwindel, sondern nur ein gemüthlicher Wiener-Jux, den die Schützengäste gewiß net übel aufnehmen werden.

#### Emma.

Ich weiß das nicht, aber Hahn sagte mir, es sei ein Schwindel und ich würde dadurch nur kompromittirt.

#### Krempelmaier.

Aber Kind — Mauserl — Täuberl — sei doch ruhig — ich will ja Alles gut machen — unterstütz' mich nur heute beim Fest und heirat in's Teufelsnamen den Hahn — (Für sich.) Nachher wird er mir doch nicht so 's'G'nick brechen, wie er's jetzt beabsichtigt.

#### Emma.

O, zu spät, er hat bereits seine Braut und ich bleibe (weint) sitzen!

#### Krempelmaier

Gut, so heirat meinen Sohn, den Heinrich —

#### Emma

Den mag ich nicht, der hat übrigens auch eine Braut und ich bleibe — sitzen!

#### Krempelmaier.

Er darf keine Braut haben, ich gebe meine Einwilligung nicht.

#### Emma.

Ich will ihn aber nicht; ich will den Hahn —

#### Krempelmaier

No ja — Du sollst — Du wirst ihn kriegen — aber ich bitte Dich, wirk' beim Fest mit — oder ich kauf' mir a Pistolen und vergift' mich!

#### Emma.

Ich gehe — und weine bis zur letzten Minute meines Lebens! (Sie eilt weinend ab durch die Mitte.)

#### Krempelmaier (ihr nacheilend).

Aber Emma — Mündel, ich bitt' Dich um Alles in der Welt — (ab mit ihr).

6

## 4. Scene.

**Hahn, Schwefelkopf** (von der Seite rechts).

**Hahn** (hereinstürmend).

Wo ist der Krempelmaier — der Räuber — der Mörder meines Glückes?

**Schwefelkopf.**

Aber so nehmens doch Vernunft an.

**Hahn.**

Vernunft annehmen? Hab' ich Ihnen nicht so eben erzählt, daß es klar geworden ist, welche Intrigue er eingeleitet hat, mich um Emma's Hand zu bringen?

**Schwefelkopf.**

Das ist jetzt net mehr zu ändern, das G'scheidteste ist, sie überlassen es mir, dem Arrangeur par excellence, Ihr Lebensglück zu arrangiren. Haben's einen Augenblick Geduld, ich werde Ihnen den Plan vorlesen, wie Ihr Lebensglück arrangirt werden kann! (Entfaltet ein großes Plakat und liest.)

Unsern tiefverehrten, hochgeliebten Schützengästen zu Ehren.

Großes Gartenfest unter dem Titel:

**Hahn** (ärgerlich).

Sie werden mir doch nicht den Anschlagzettel vom Krempelmaier seinem Festschwindel vorlesen?

**Schwefelkopf.**

Bitte, beleidigen Sie mich nicht! Den Festschwindel hab' ich arrangirt.

**Hahn.**

Aber —

**Schwefelkopf.**

Und mittelst dieses Festschwindels sollen Sie Emma's glücklicher Gatte werden, also bitt', mich nicht zu unterbrechen. (Liest.)

Großes Gartenfest unter dem Titel:

„Des Schützen Meisterschuß oder die drei Bestscheiben: Wein, Gesang, Weiber.

Nähere Bestimmungen:

I. Derjenige, welcher auf der Scheibe „Wein" das Centrum trifft, erschießt sich als Best einen Eimer guten alten Rötzerwein mit dem Festmotto:

Du lieber, werther Schütz allhier,
Haft Kopfschmerz Du vom Schützenbier,
Erschieß Dir kühn als frohen Tausch
Den Schützenwein zum Festesrausch.

II. Derjenige, welcher auf der Scheibe „Gesang" das Centrum trifft, erschießt sich für den nächsten Abend, wo Sontheim die „Jüdin" singt, eine Loge im Hofopernthcater mit dem Motto:

Ob Protestant, Katholik, ob Jud',
Selbst für den Türken ist es gut,
Wenn er als tapf'rer Meisterschütz,
Den Sontheim hört — bei derer Hitz!

III. Derjenige, welcher auf der Scheibe „Weiber" das Centrum trifft, erschießt sich als Best eine Frau mit 70,000 fl.

#### Hahn.

Das ist eine Schändlichkeit — man kompromittirt die Arme, aber Emma wird sich nicht dazu hergeben — ich schütze sie.

#### Schwefelkopf.

Nicht ich schütze sie — sollen sie sagen, sondern: ich, Schütze, gewinne sie; begreifen's denn nicht, daß Sie es sind, der auf der Scheibe „Weiber" sein Glück machen kann?

#### Hahn.

Was soll das heißen?

#### Schwefelkopf.

Sie sollen der Erste sein, der nach dieser Scheiben schießt, treffen das Centrum, was ich zur Vorsorge so groß wie a Stadelthor hab machen lassen und heiraten die Frau mit die 70.000 fl.

#### Hahn.

Aber Sie wissen doch, daß ich die Hutschenreiter heiraten muß. Und abg'sehen davon, kann ich gar net schießen, treff' also 's Centrum net und ein Anderer —

#### Schwefelkopf.

Könnt' Ihnen die Braut von der Nasen wegschießen? O, das ist nicht zu fürchten, denn wann ein And'rer 's Centrum trifft, so halten wir uns an den Wortlaut der Bestimmung: derjenige, welcher das Centrum trifft, erschießt sich als Best eine Frau mit 70.000 fl. (Liest weiter.) Verzichtet aber die Betreffende aus irgend einem Grunde auf den Bräutigam, so erhält er einen Kuß von der Dame und wird für die Dauer des Festes zum Schützenkönig ernannt.

#### Hahn.

O, ich werde diesem Feste gewiß beiwohnen, nur um zu verhindern, daß Emma kompromittirt wird!

#### Schwefelkopf.

Dann bringen's auch Ihre Zukünftige, die Frau Hutschenreiter, mit, vielleicht glückt es mir noch nachträglich, ein Arrangement zu Stande zu bringen.

#### Hahn.

Das ist mir schon fast gleichgiltig, ich weiß nur, daß ich der unglücklichste Mensch unter der Sonne bin.

#### Schwefelkopf.

Aber hätten's das doch früher g'sagt, ich hätte Sie als Festmerkwürdigkeit annoncirt: Hier ist zu sehen der unglücklichste Mensch unter der Sonne!

#### Hahn (zornig).

Hol' Sie der Teufel! (Stürzt durch die Mitte ab).

### 5. Scene.

#### Schwefelkopf (allein).

Hahaha — ist das a kurioser Mensch, steht zwischen die zwei Weiber mit die vielen Tausender wie der Esel zwischen die zwei Heubündeln. Aber ich stell' da Reflexionen an, während ich all' Händ' voll — (will Mitte ab).

### 6. Scene.

Vorigen. **Anastasia, Regine, Lüftel** (in ihrer Mitte Tippel als Schütze gekleidet).

#### Tippel (aufgeregt).

Ah, da hört sich ja Alles auf!

**Anastasia.**
**Regine.** } Aber lieber Vater!
**Lüftel.** } Lieber Schwiegervater!

**Tippel.**

Stad seidt's, oder ich geb' Euch Allen meinen väterlichen Fluch!

**Schwefelkopf.**

Oho, was seh' ich! Der Herr von Tippel als Schütz, das ist ja prächtig! (Singt.) Ein Schütz ist er — in des Regenten Sold —

**Tippel.**

Ja, ein Schütz bin ich, aber einer, der aus der Haut fahren möcht!

**Schwefelkopf.**

Ah, was denn net no! Aus der Haut fahren müssen die Hasen und die Hirschen vor Schrecken, daß Sie ein Schütz sein!

**Tippel.**

Plauschen's net und hörn's, was mir für eine Beleidigung widerfahren ist. I kumm' von Rötz nach Wean und wend' mich betreffs eines Quartier an's Wohnungs-Komité und die bringen mich a richtig unter, aber wo: im Schuldenarrest — ich, der reiche Weinhändler Tippel aus Rötz, hab' heut' Nacht im Schuldenarrest g'schlafen! — Is das net zum narrisch wer'n?

**Schwefelkopf.**

Nein — zum narrisch wer'n hab'n wir's Herrenhaus. Also Sie sein endlich a in'n Schuldenarrest kummen? Das is ja prächtig, da d'rin war'ns immer sehr gastfreundlich, da haben's Einem die längste Zeit net auslassen wollen!

**Tippel.**

Der Tippel im Schuldenarrest! Wann's das in Rötz hör'n, so glaub'ns, i bin z'Grund gangen.

**Anastasia.**

Aber lieber Vater —

**Lüftel.**

Lieber Schwiegervater —

#### Tippel.

Nix reden, ös seid's Alle miteinander nix werth. Da steht gleich auch a Mann (auf Schwefelkopf deutend) der a Liad davon singen kann, der Mann —

#### Schwefelkopf.

Der Mann singt aber nur lustige Liader und wir sein schon lang Alle miteinander gut Freund. Da schaun's her. (Küßt Lüftel dann Anastasia und dann Regina.)

#### Tippel.

Hollaho! Wann Sö die Reginerl no amol abbusseln, so schiaß i Ihna nieder (legt an).

#### Schwefelkopf.

No so schießen's halt (küßt Regine), aber nachher schaun's, was's für Fatalitäten beim Schießkomité hab'n! —

#### Tippel.

Reginerl — (faßt sie bei der Hand). Du hast a Bandlerei mit dem Menschen?

#### Regine.

Ja, Vater; mit der höhern Töchterschul' war's ohnedem nix, so bin i halt fleißig auf die Tanzschul' gangen!

#### Tippel.

Das is a Skandal! das muß in die Zeitungen —

#### Schwefelkopf.

Da wenden Sie sich an's Preßkomité.

#### Tippel.

Und wannst den Menschen heiraten willst, so thu's, ich gib kein'n Kreuzer dazu her!

#### Schwefelkopf.

Das ist Sache des Finanzkomité's

#### Tippel.

I leid's net — i ruf' die Polizei z'Hilf!

#### Schwefelkopf.

Wir brauchen ka Polizei wir thun schon so a guat;

#### Tippel.

Kreuzmilliontausend —

Schwefelkopf.

Sparn's die Millionen und die Tausender; für ein'n Mann der im Schuldenarrest logirt, schickt sich so was gar net! —

Tippel.

Erinnern's mich net d'ran — oder —

Schwefelkopf.

Ich muß; weil ich ein schönes Quartier hab, was ich Ihnen als echter Wiener umsonst antrag'!

Tippel.

Umsunst? (Ruhiger.) No jetzt, das is a Red!

Schwefelkopf.

Ja; die Red' hab' ich extra für Sie aufg'spart, Sie seh'n jetzt, was ich für a Sparmeister bin.

Tippel.

Also gut, ich will Ihner Gast sein und was die Reginerl betrifft —

Schwefelkopf.

So lassen Sie das m e i n e Sorge sein! Ich arrangir' Alles — halt da arrangirt sich grad in meinen Kopf eine neue Idee. Herr von Tippel treffen Sie's Centrum?

Tippel.

Allemal! Ich bin in Rötz als der beste Schütz bekannt!

Schwefelkopf.

Schön! da müssen Sie beim heutigen Fest, genau d a s Centrum treffen, was ich Ihnen bezeichne, dafür wer'n Sie zum Schützenkönig ernannt! ·

Tippel.

Gut — ich nehm Sie beim Wort.

(Man hört von Außen rufen.)

Herr Schwefelkopf! Herr Schwefelkopf!

#### Schwefelkopf.
No, was is denn los?

## 7. Scene.
#### Vorigen. Krempelmaier (Mitte).
#### Krempelmaier.
Schwefelkopf, um Alles in der Welt — unser Fest geht flöten! Die Emma, die —

#### Schwefelkopf.
Pst! (Leise.) Schrein's net, ich weiß Alles, Ihre Mündel will sich net ausschießen lassen, weil's Ihnen d'rauf kommen is, was Sie für ein Hauptbandit sein.

#### Krempelmaier (auffahrend).
Herr Schwefelkopf.

#### Schwefelkopf (leise).
Schrein's net — 's muaß's ja net jeder Mensch inne wer'n, wir machen die Sach' unter uns aus! Lassen's nur mich ruhig fort arrangiren — ich rette unser Fest und Sie auch!

#### Krempelmaier.
O, Sie Göttermensch!

#### Schwefelkopf.
Aber gehn's jetzt und nehmen S' die Herrschaften mit, ich muß a bisserl nachdenken!

#### Krempelmaier.
Welche Herrschaften! Ah, was seh' ich, der Tippel als Schütz?

#### Tippel.
Ja, der bin ich, aber wann ich Dir erzähl' was mir g'scheg'n is —

#### Schwefelkopf.
Ich bitt' Sie, erzähl'ns die G'schicht draußt bei ein'n Krügel Bier. Ich muß mich esliren.

**Krempelmaier.**

Also kommen's meine Herrschaften. (Er führt Alle gegen die Mittelthür.)

**Schwefelkopf.**

He halt — was ich sagen will — (eilt zu Regine und küßt sie).

**Tippel** (wüthend).

Jetzt schiaß i dem kecken Ding aber do was auf den Pelz — daß — (legt an).

**Alle.**

No, no — wer wird den so harb sein! (Drängen ihn hinaus.)

## 8. Scene.

**Schwefelkopf** (allein, nachdenklich).

Ja, ja, das ist das Wahre, so wird's glücken — mein'n Kopf setz' ich dagegen. Wie ich das mach' — geht vor der Hand Niemanden was an. (Ab.)

## Siebentes Bild:
### Des Schützen Meisterschuß.

(Garten des Etablissements mit Fahnen und grünen Festons geschmückt. An der Seite links ein Bogen mit der Aufschrift: „Schießstätte." In der Mitte ein Bogen aus lauter transparenten Scheiben gebildet. Rechts ein Portal über welchem die Aufschrift: „Gabentempel." Auf der Scene Tische und Stühle.)

## 9. Scene.

(Herren und Damen an den Tischen, trinkend, essend und singend. Die Herren als Schützen verschiedenartig kostumirt, die Damen mit Schützenabzeichen, die Kellner als Bauern.)

**Chor.**

Ihr Schützen seid willkommen,
In unserm heitern Wien!
Wir wollen mit Euch Allen
Ein Herz sein und ein Sinn.

Willkommen — willkommen!
Verehrte Schützengäst',
Willkommen — willkommen!
Bei uns — beim frohen Fest!

## 10. Scene.

### Tippel. Lüftel. Anastasia. Regina (Mitte).

(Tippel und Lüftel als Schützen, die Damen mit Abzeichen.)

#### Tippel.

No also also, da san ma! Kruzitürken, is' aber da nobel! Wo ist der Vorstand vom Festkomité? Ich werd' ihm meine Zufriedenheit kund thuen!

#### Lüftel.

Aber, verehrter Herr Schwiegervater und Schützenbruder, wir sein ja nicht im Prater!

#### Tippel.

Macht nix, in der Zeitung hab' ich g'lesen, daß der Doktor Kopp überall is, folglich muß er a da sein.

#### Anastasia.

Vater, setzen wir uns, da is ein schöner Tisch!

#### Regina.

Ja, da bleiben wir. Da kummt g'wiß a der Schwefelkopf her! —

#### Tippel.

Die hat nix im Kopf als den Schwefelkopf. (Sie haben sich gesetzt.) Madel, i sag' Dir's, es gibt a Unglück.

#### Regina.

Aber Vater —

#### Tippel.

An Unglück gibt's und —

#### Poldl (im Bauernkostüm eilt herbei und sagt zu Tippel).

Befehl'n?

#### Tippel (springt auf und sieht Poldl überrascht an).

Wer is denn dös Gwachs?

#### Poldl.

Ich bin Kellner — aufzuwarten!

#### Tippel.

Ah so — i hab' glaubt, 's is a Wilddieb. No alsdann, wannst a Kellner bist, so gib vor all'n Andern an Speiszettel her!

#### Poldl.

Bitte, hier! (Reicht ihm einen Tarif.)

#### Tippel (der es durchblickt).

Ah, was seh' ich? die unsinnigen Preis'! — A Gans kost' 19 Gulden Oest. Währ.; ja, glaubt's denn, die Schützen sein nach Wean kummen, daß ihr's a siaden könnt's? Ös sollt's net in Bauernjacken umageh'n, sondern im Schnürrock!

#### Poldl.

Ich bitt', Herr von Tippel, belieben's g'schwind anz'schaffen — man sehnt sich bereits an den übrigen Tischen nach mir!

#### Tippel.

Wannst an Bauern spielst, so red' wenigstens bäurisch!

#### Poldl (im Bauerndialekt).

Mit Vergnügen! No alsdann, was möcht's denn gern hab'n, ös gaglbamener Hodil?

#### Tippel (lachend).

Hehe — net gar so derb dreinpfeffern! Alsdann bring' uns a Maß Rötzer und an Schibel Bachhendln!

#### Poldl.

No we'gn meina — aber a wengel passen muaßt d'rauf! (Läuft ab.)

#### Tippel.

Der Lackel is g'rathen! — Aber wo ist denn der Krempelmaier? Er laßt si ja gar net blicken — und wann geht denn's Schiaßen an?

### 11. Scene.

Vorigen. Krempelmaier. Schwefelkopf. Emma.

#### Emma (voraus von rechts).

Nein — nein — nein, ich will, ich kann nicht.

#### Krempelmaier.

Aber, liebe Mündel — sei doch g'scheidt, Du hörst ja doch —

#### Tippel.

Ah, da ist er ja! (Ruft.) He, Krempelmaier!

#### Krempelmaier.

Ja, komm' gleich! — (Zu Emma.) Schau', es wird Alles gut gehen — wir verlassen uns auf den Arrangeur!

#### Tippel.

He, Krempelmaier! (Die Gäste von den andern Tischen rufen nun auch nach einander). He, Krempelmaier! — He, Krempelmaier!

#### Krempelmaier.

Ja, ja — bin ja schon da! — (Er eilt von einem Tische zum andern.)

#### Schwefelkopf.

Sein's doch vernünftig, Fräulein Emma! Sie sollen net ausg'schossen wer'n, aber nur für einen Augenblick setzen's Ihnen in den Gabentempel — nur a paar Minuten, es ist dies durchaus nothwendig, wann mein Plan gelingen soll! (Sieht nach rechts.) Da kommt schon der Hahn mit der Frau Hutschenreiter — überlegen's net lang, 's is die höchste Zeit!

#### Emma.

Nun denn — ich will's thun — aber das sage ich Ihnen, wie Sie mich belogen haben —

#### Schwefelkopf.

Gar keine Spur, setzen's Ihnen nur hinein! (Führt sie zum Gabentempel, hebt den Vorhang, Emma schlüpft hinein.)

## 12. Scene.

Vorigen. **Hahn** (mit der Frau **Hutschenreiter,** welche sehr geputzt ist, von rechts).

#### Schwefelkopf (ihnen entgegen).

Ah, das ist schön, daß Sie uns beehren! Guten Abend, Freund Hahn, Frau Hutschenreiter, meinen unterthänigsten Respekt. (Küßt ihr die Hand.)

**Fr. Hutschenreiter.**

O, bitte, lassen Sie das!

**Schwefelkopf.**

Nein, das lasse ich nicht! Schönen Damen die Hand küssen, is eine meiner Hauptleidenschaften! — No, wie ich seh', so ist Freund Hahn auch im Schützenrock, will sich auch ein Best erschießen, vielleicht auf der Scheibe „Weiber!" Die Frau mit die 70,000 fl.

**Hahn.**

Aber, Herr Schwefelkopf, wie können Sie so was vor der Frau von Hutschenreiter sagen?

**Hutschenreiter.**

Ja wohl, ich selber bin eine Frau mit 70,000 fl.!

**Schwefelkopf.**

Richtig, und da braucht' net erst das lange Zielen, sie haben ihn schon! Aber ich bitte, nehmen Sie doch Platz! (Führt sie zu einem Tische.) Sie, Herr Hahn — auf ein Augenblick! Verzeihen schon, meine Gnädige. (Führt Hahn vor.)

**Hahn** (leise).

Ist Emma hier?

**Schwefelkopf.**

Schon d'rin im Gabentempel!

**Hahn** (aufbrausend).

Sie wollen also doch?

**Schwefelkopf.**

Stad sein! Es liegt in meinem Plan! Sie haben nichts zu thun, als Ihre Braut in Aufregung zu versetzen, dann eilen Sie auf die Schießstätte, und wann Sie zurückkommen, sein Sie schon los von der Alten. Also machen's das — ich geh' — auf'n Schießplatz sehen wir uns wieder! (Laut.) Küß' d'Hand, Frau von Hutschenreiter, wünsch' gute Unterhaltung. (Eilt zu Tippel's Tisch, spricht dort eine Weile, dann mit Krempelmaier links ab.)

**Hahn** (für sich).

Wie soll ich denn die Frau in Aufregung versetzen? Soll ich ihr die Kour machen? Nein, das ist zu langweilig — ich muß sie höchstens eifersüchtig machen, aber wodurch? —

Ah, was seh' ich! — die Melusine! (Setzt sich zu Fr. Hutschenreiter.)

## 13. Scene.

**Vorigen. Melusine** als Tirolerin gekleidet, theilt an den Tischen Sträußchen aus, die Gäste rufen: Bravo.

**Melusine** (kommt zu Hahn's Tisch und sagt).

Grüß' Enk Gott, Alle miteinander. Wollt's a Sträußel? San lauter Edelweiß. (Reicht der Hutschenreiter ein Sträußchen.)

**Fr. Hutschenreiter** (geschmeichelt).

O, ich danke!

**Hahn** (als ob er sie jetzt erst erkannt hätte).

Das ist — wahrhaftig — meine Freundin Melusine. (Springt auf und faßt sie an der Hand.)

**Melusine.**

Herr Hahn — das freut mich! —

**Fr. Hutschenreiter** (steht auf).

He, halt, was g'schicht denn da? —

**Hahn** (zieht Melusine in die Mitte).

Nein, wie mich die Begegnung freut —

**Fr. Hutschenreiter.**

Herr Hahn, was treiben's denn?

**Hahn** (zu Hutschenreiter).

Ich bitt' nur sitzen zu bleiben, gleich steh' ich wieder zu Diensten.

**Fr. Hutschenreiter.**

Ah, ah! (Setzt sich ganz perplex.)

**Hahn** (führt Melusine vor, halb leise).

Melusine, unterstützen's mich — thun's mir schön.

**Melusine.**

Warum denn? Da wird ja Ihre Braut eifersüchtig?

**Hahn.**

Das ist gerade mein Zweck.

### Melusine.

Aber nicht der meinige, denn wann mein Kourmacher uns zwei beieinander sieht, so hab' ich wieder sechs Wochen z'thun, ihn auf gleich zu bringen! Da is er schon!

## 14. Scene.

**Vorigen. Heinrich** (von rückwärts herbeieilend).

### Heinrich (zwischen Beide tretend).

Melusine, Sie sprechen schon wieder mit diesem Herrn?

### Melusine.

No, was is 's denn weiter? Haben Sie sonst nichts zu thun, als mich beobachten?

### Heinrich.

O, ich habe eine Mission, und zwar im Interesse dieses Herrn, wenn er die Mündel meines Vaters heiraten will. Sobald er sich aber für Sie interessirt —

### Hahn (rasch).

Sie haben eine Mission in Betreff Emma's? — Hat Schwefelkopf Sie damit beauftragt?

### Heinrich.

Ja, aber —

### Hahn.

Dann beschwör' ich Sie bei allen 47 Nothhelfern, verfolgen Sie Ihre Mission, und ich geb' Ihnen mein Wort, daß Sie mich nie mehr in der Nähe dieses Fräuleins sehen sollen.

### Heinrich.

Gut, ich nehme Sie beim Wort. Jetzt muß ich mit Ihrer Braut sprechen — wo find' ich sie?

### Hahn.

Dort sitzt sie!

### Heinrich.

Vergessen Sie Ihr Wort nicht. (Zu Hutschenreiter, die eben auf Hahn zueilen will.) Frau von Hutschenreiter, ich hab' Wichtiges mit Ihnen zu sprechen! (Er führt sie an ihren Platz zurück und spricht mit ihr.)

## Hahn.

Und ich geh' auf die Schießstätte, Adieu, Melusine — ich hab' mein Wort gegeben, nie mehr in Ihrer Nähe zu sein — Adieu, auf Nimmerwiedersprechen. (Eilt links auf den Schießplatz ab.)

## 15. Scene.

Vorigen ohne Hahn.

### Melusine.

Is das a eifersüchtiger Ding, mein Liebhaber, und wie er in die Alte hineinredt — ah, was kümmert's mich! (Wendet sich um.)

### Tippel (der herangetreten ist).

He, halt, schöne Tirolerin, i will a a Sträußel!

### Melusine.

Hab' kans mehr!

### Tippel.

So gib mir a Bussel! —

### Melusine.

Kunnt mir g'rad' einfall'n! Die Busseln g'hör'n für mein Buam, aber weilst so a rarer Schütz bist, so will i Dir a Schützenliadel singen.

### Tippel.

Is mir a recht! Kummt's her da, Schützen, die Tirolerin singt uns a Liad.

(Alle Schützen und Frauen eilen von den Tischen herbei.)

A Schützenliad! Bravo! Wacker!

### Melusine.

Also, meine Herrschaften — i fang' an!

### Alle.

Bravo!

### Melusine (singt).

1.

Es zieh'n die wackern Schützen
Fort in den grünen Wald,

Die blanken Läufe blitzen,
Ihr frohes Lied erschallt;
Doch plötzlich sie verstummen,
Geborgen hinter'm Busch,
Nur Käferlein noch summen,
Da bricht's durch's Holz, husch, husch!
Hört Ihr der Büchse hellen Knall,
Mit mächt'gem Schall und Wiederhall.
Piff paff puff, piff paff puff!
Piff paff puff! Halli, hallo!
Piff paff puff, piff paff puff!
Piff paff, Hurraho!

(Alle wiederholen im Chor.)

### 2.

Zieh'n dann die Heldenschützen
Der freien Heimat zu,
Schwingt Alt und Jung die Mützen
Und jubelt laut: Juhu!
Da stürzen Deutschlands Frauen
Den Männern an die Brust,
Gibt's Schön'res wohl zu schauen,
Gibt's höh're Himmelsluft?
D'rauf dröhnt der Freudenschüsse Schall
Von Berg und Thal im Wiederhall.
Piff paff puff 2c. (wie früher).

(Nach dem Lied hört man einen Pöllerschuß.)

**Krempelmaier** (tritt durch den Eingang des Schießplatzes auf und ruft).

Meine Herren Schützen, das Schießen auf die drei Bestscheiben beginnt!

(Die Schützen rufen.) Vorwärts, zum Schießen! (Nehmen ihre Stutzen und eilen nach der Schießstätte ab, die Frauen folgen.)

### Tippel.

Jetzt kummt's, Kinder — auf d'Schiaßstatt. — Heut' werdt's was erleb'n. Wann i mir net die Schützenkönigswürde derschiaß, so derschiaß-i mi selber. Kummt's! (Eilt, von den Andern gefolgt, nach der Schießstätte. Man hört nach einer Weile fortgesetzte Schüsse, aber in der Ferne.)

### Fr. Hutschenreiter.

Der Hahn kommt richtig nicht mehr z'ruck — er laßt mich da sitzen — ah!

### Heinrich.

Ein Beweis, daß er, wie ich Ihnen bereits bemerkte, wirklich ein' Plan hat, Sie für immer sitzen zu lassen.

### Fr. Hutschenreiter.

Eine solche Schändlichkeit wäre unerhört! Sie glauben also —?

### Heinrich.

Ich **glaube nicht, bin davon überzeugt**! Dort im Gabentempel befindet sich die Frau mit den 70,000 Gulden, es ist Emma Blum, die Mündel meines Vaters. Darum, meine Gnädige, **bitte ich Sie** helfen Sie mir, den schändlichen Plan zu nichte zu machen.

### Fr. Hutschenreiter.

O recht gern, aber wie?

### Heinrich.

Nichts leichter als das, ich rufe Emma aus dem Gabentempel und entferne sie unter einem Vorwand. Mittlerweile nehmen Sie Emmas Platz ein, und wann dann mein Nebenbuhler, Ihr Bräutigam, kommt, die Frau mit den 70.000 fl. aus dem Gabentempel zu holen, so treten Sie hervor.

### Fr. Hutschenreiter.

Und nachher kommt er mir nimmermehr aus! Ja, das thu ich — machen's mir nur gleich Platz — wart' Bräutigam, Du wirst Dich wundern — machen's Platz — Du wirst dreinschau'n — machen's Platz — no, was tandeln's denn noch herum?

### Heinrich.

Weil Sie erst auf die Seite treten müssen, damit Emma Sie nicht sieht!

### Fr. Hutschenreiter.

Ja so — ist gleich g'scheh'n! (Zieht sich in den Hintergrund zurück.)

**Heinrich** (tritt zum Gabentempel öffnet den Vorhang und ruft).

Emma! Emma! nur schnell —

## 16. Scene.

**Vorige. Emma** (aus dem Tempel).

**Emma.**

Was gibt es? Wie? Heinrich, Sie hier?

**Heinrich.**

Ich habe Ihnen Wichtiges mitzutheilen — kommen Sie!

**Emma.**

Ja aber —

**Heinrich** (leise).

Bitte, folgen Sie mir rasch. Schwefelkopf schickt mich (laut). Sie müssen mit mir! der Vormund befiehlt es!

**Emma.**

Ich bin bereit. (Nimmt seinen Arm).

**Heinrich.**

Kommen Sie nur. (Während er sie fortführt, gibt er der Hutschenreiter wie verstohlen Winke, in den Gabentempel zu treten, und geht mit Emma nach dem Schießplatze ab.)

**Fr. Hutschenreiter** (triumfirend).

Die Nebenbuhlerin ist entfernt, jetzt behaupt' ich das Feld. (Schlupft in den Tempel.)

(Man hört einen Schuß, darauf Hurrahgeschrei und Trompetenfanfaren unter fortdauerndem Hurrahruf und einem lustigen Jägermarsch tritt Tippel, umringt von Schwefelkopf und den Schützen sammt Anastasia, Regine, Lüftel und den Frauen von links, auf die Bühne.)

**Alle.**

Hurrah, der Meister-Schütz soll leben! Hoch!

**Lüftel.**

Schwiegerbruder, Schützenvater, lassen Sie sich umarmen!

**Schwefelkopf.**

Das war ein Meisterschuß, um welchen Sie der Wilhelm Tell beneiden muß!

**Tippel.**

No, und, was krieg i denn?

#### Schwefelkopf.

Sie haben auf die Scheibe **Weiber** g'schossen — krieg'n also das Best die Frau mit die 70.000 fl.

#### Tippel.

Was?

#### Schwefelkopf.

Hier im Gabentempel, harrt sie bereits des wackeren Schützen! —

(Oefnet den Gabentempel, in welchem eine Fortuna glänzend beleuchtet über einem blumenbekränzten Faß schwebt, ein Logenbillet in der ausgestreckten Hand. Unter ihr sitzt Fr. Hutschenreiter verschleiert.)

#### Schwefelkopf.

Meine Gnädige, bitte um die mit 70.000 fl. gesegnete Hand! (Führt Hutschenreiter vor und entschleiert sie.) Nimm Meisterschütz, empfang Dein Glück und mög es Dir gedeihen.

#### Tippel.

Ha, was sich i!

#### Fr. Hutschenreiter.

Ha, was ist das?

#### Tippel.

I hätt' die Alte g'wunna?

#### Fr. Hutschenreiter.

Der Alte sollt' mein wer'n? Wo ist der Hahn?

#### Tippel.

Wo ist der Krempelmaier? Zu Hilfe!

#### Schwefelkopf (ernst).

He halt — Ruhe — Attention meine Herrschaften! Meine Gnädige, Sie haben — wie ich sehe — die bestimmte Braut aus irgend einem Grunde verdrängt, daher sich die Folgen selber zuzuschreiben.

#### Tippel.

Aber i will ja selber net heiraten.

#### Schwefelkopf.

Ah das ist was Anderes. In diesem Falle hat Ihnen die Dame einen Kuß zu geben und Sie sind für die Dauer des Festes Schützenkönig.

**Tippel.**

No, das wegen meiner! Kommen's her da! (Er küßt sie.)

**Alle** (rufen).

Hurrah!

**Hahn** (der mit den Schützen im Hintergrunde, nebst Emma, Melusinen und Heinrich aufgetreten ist, stürzt hervor und ruft.)

Rosalie!

**Fr. Hutschenreiter.**

Ui je, mein Bräutigam!

**Hahn.**

Frau von Hutschenreiter, Sie haben erklärt, mich meines Heiratsversprechens zu entbinden, wenn Sie während des Brautstandes einem anderen Manne eine Liebesbezeugung erweisen würden. Allein obschon ich offen gestehe, daß ich Fräulein Emma Blum von Herzen liebe, so verpflichtet mich doch mein Wort, wie ein ehrlicher Mann zu handeln und darum entscheiden Sie: soll unsere Verehelichung stattfinden oder nicht.

**Fr. Hutschenreiter.** (versöhnlich).

Herr Hahn — Sie sind ein anständiger Mensch; den Beweis haben Sie mir jetzt neuerdings gegeben, daher sollen Sie auch glücklich werden — ich geb' Ihnen Ihr Wort zurück.

**Hahn** (küßt ihr die Hand enthusiastisch).

O, wie soll ich Ihnen danken?

**Fr. Hutschenreiter.**

Lassen's das! Ich bin net so unglücklich, als Sie vielleicht glauben, denn ich hab' 70,000 fl. und mit die find' ich schon noch ein'n andern Mann!

**Krempelmaier** (der herbeieilt ruft).

70,000 fl.! — Also wirklich 70,000 fl.? Wo ist diese Frau? (Stürzt auf die Hutschenreiter zu.) Schönstes Weib auf Erden, o nimm' mich zum Gatten, ich will Dich auf den Händen tragen, ich, der Gartenrestaurateur Krempelmaier. (Stürzt ihr zu Füßen.)

**Fr. Hutschenreiter** (verschämt).

Wie? Sie wollten? No, in's Himmels Namen!

**Schwefelkopf.**

Bravo! Jetzt heiraten wir Alle durcheinander, will ich sagen miteinander. Komm' her, Reginerl!

**Hahn** (ruft).

Emma!

**Heinrich.**

Melusine! (Alle umarmen sich).

**Schwefelkopf.**

Jetzt, meine Herrschaften, muß ich eine Rede halten: Der Schützentag, der uns Wienern ewig unvergesslich bleiben wird, hat uns zu glücklichen Brautpaaren gemacht, und wenn er auch nicht den Satz umgestoßen hat: Kein Schuldenarrest mehr — aber Schulden, so hat er uns doch zu einem zweiten Ausspruche verholfen, der da lautet:

Keine Riegel und keine Fesseln mehr
    aber F r e i h e i t:
D'rum hoch! der deutsche Schützentag!

**Alle** (rufen.)

Hoch! der deutsche Schützentag! (Umarmen sich, rufend.) Juhe! Hurrah! Wacker! (Rauschende Musik.)

**E n d e.**